Wendy Virgo

FREIHEIT
FÜR
FRAUEN

Verlag C. M. Fliß
Lütt Kollau 17, 2000 Hamburg 61

Für meine Tochter Anna, meinen Liebling.
Mag sie sich doch immer der Freiheit Gottes erfreuen.

1. Auflage 1992
Originaltitel: Women Set Free
Übersetzung: Ingo Rothkirch
Umschlag: Wepler & Burfeind
Satz: Convertex, Aachen
Druck: Printed in Germany
© der deutschsprachigen Ausgabe
1990 by Verlag C. M. Fliß,
Lütt Kollau 17, 2000 Hamburg 61

ISBN 3-922349-73-0

Wir informieren Sie gerne über unser Gesamtprogramm.
Postkarte genügt!

Inhalt

Wo Freiheit ihren Anfang nimmt

Es war nachmittags an einem Pfingstsonntag im Mai, und die Töne des Sommers drangen zu uns durchs offene Fenster herein: das Summen der Bienen, das Klacken der Baseballschläger und das Gekicher der Kleinen. Ich saß auf einer Holzbank mitten in einem Lichtkegel der Sonne, so daß ich mich so recht wohlig und glücklich fühlte, auch wenn ich ein wenig eingeklemmt war zwischen sich hier und da knuffenden und rempelnden jungen Leuten. Wir trafen uns jeden Sonntag zur Bibelstunde und nannten uns »die Glaubensverkünder«.

Es war mir zu einer lieben Gewohnheit geworden, an Wochenenden zur Bibelstunde zu gehen. Das war Teil meiner Kindheit. Meine Eltern lebten ihr Christsein mit Hingabe, und so hatten sie ihren Glauben an Gott mit unserem Familienleben fest verwoben. Wir gehörten einer Brüdergemeinschaft an, in der die Unterweisung der Kinder etwas zu kurz kam. Als dann meine Eltern ein Ehepaar kennenlernten, das zwei gutgehende »Glaubensverkünder-Gruppen« leitete – eine für Jungen und eine für Mädchen –, da entschlossen sie sich, ihre vier Töchter in die Mädchengruppe zu schicken.

Die Tage meiner Kindheit waren die bunte Abfolge verschiedenster Aktivitäten. Was taten wir nicht alles! Wir machten Feuerwerk hinterm Haus, wir liefen Rollschuh durch die stillen Straßen unserer Umgebung, wir hielten Hühner, pflanzten Stangenbohnen und pflückten Äpfel und Brombeeren. Ich erinnere mich an Streifzüge an hellen Sommerabenden entlang der schmal und tief eingeschnittenen Eisenbahnstrecke. Wir nannten sie den »Karnickelweg«, weil gerade an Sommerabenden die

Kaninchen sich in Massen auf dem gegenüberliegenden Feld tummelten.

Materiell gesehen war es bei uns zu Hause nicht immer zum besten bestellt. Viel Geld hatten wir wohl nie, dafür aber frisches Gemüse im Überfluß, Obst aus dem Garten, frische Eier, viel Spaß und gute Luft und die Freiheit, all das auch zu genießen. Auf jeden Fall führten wir Kinder ein Leben in aller Sorglosigkeit.

Es war ja geradezu ein Privileg, bereits in der Nachkriegszeit aufwachsen zu können; so bekam ich nichts mehr von den Spannungen und der Angst mit, die bei einem Volk im Kriegszustand allenthalben vorhanden waren. Es war aber auch die Zeit vor dem moralischen Niedergang und den Ausuferungen der sechziger Jahre. Vielleicht sehen wir unsere Erinnerungen ja ein wenig mit der rosaroten Brille, aber ich meine doch, mich an eine Zeit zu erinnern, als Morde noch eine Seltenheit waren, als die Kunde von solchen Schandtaten noch einen gehörigen Schauer auslöste und die Leute nur im Flüsterton darüber redeten. Damals war es noch für uns zwölfjährige Mädchen möglich, ein Eßpaket und eine alte Pfanne einzupacken und hinauf in die Berge zu radeln, um dort am Lagerfeuer einen ganzen Tag zu verbringen, ohne daß sich irgend jemand Sorgen gemacht hätte. Es war die Zeit, da man bei uns in England die Lehrer noch mit »Sir« anredete. Alte Damen wurden respektiert, und man besuchte sie mit einem Blumenstrauß oder zu Weihnachten mit einer Büchse Gebäck. Wenn einem kleinen Mädchen die Schuhriemen rissen, während es Besorgungen für die Mutter machte, konnte es einfach beim Schuster vorbeigehen. Der machte ein paar Stiche – kostenlos –, und schon war alles ausgestanden.

Es war natürlich nicht nur alles idyllisch. In einer Familie, in der vier Mädchen kurz nacheinander kamen, blieb es nicht aus, daß es auch Zank und Streit gab. Oft genug ging es bei uns hoch her, und meine Mutter mußte durch unsere Unordnung und unsere hartnäckigen Widerreden so manches Mal der Verzweiflung nahe gewesen sein. Doch im großen und ganzen waren das Stürme, die – genauso plötzlich, wie sie kamen –, auch wieder abebbten. Schmerzende Handflächen und Hinterteile waren Be-

gleiterscheinungen kurzer, aber durchschlagender Erziehungs-
maßnahmen.

Ich bin so dankbar, daß ich niemals die Schrecken von Kälte
und Feindseligkeit zwischen meinen Eltern ertragen mußte. Wir
Kinder lebten nicht bedroht vom Damoklesschwert der Schei-
dung unserer Eltern. Daß so etwas geschehen könnte, ist mir
wohl niemals in den Sinn gekommen. Wir glaubten damals, in
einer ganz normalen Familie zu leben, und ich ging einfach
davon aus, daß unsere Erfahrungen genauso selbstverständlich
auch für andere Familien gelten würden.

So war es also damals: Ich hatte ein sorgenfreies Leben, war
gesund und munter und wurde geliebt. Unser Leben bedeutete
Geborgenheit, Schlichtheit und ein festgefügtes Wertesystem.
Im großen und ganzen war es frei von Furcht. Viel gab es nicht,
vor dem wir als Kinder Angst gehabt hätten. Weshalb war denn
aber jener Pfingstsonntag im Mai etwas so Besonderes?

Ich hatte ja schon im Überfluß, wonach viele sich sehnten.
Was hätte ich noch darüber hinaus brauchen können? Ich war
gesund und kräftig, ich empfing Liebe und Geborgenheit und
genoß das Leben in einer intakten Familie. Für das Grundlegen-
de war doch gesorgt, und ich besaß alle Voraussetzungen, um zu
einem selbstbewußten, unverdorbenen Wesen heranzuwachsen,
das einen bevorzugten Platz in der Gesellschaft finden würde.

Doch diese Dinge, so sehr sie auch eine Rolle dabei gespielt
haben mochten, meine Persönlichkeit und Ausstrahlung auszu-
formen, waren für sich genommen noch nicht ausreichend. An
jenem Sonntag 1953 geschah etwas von solcher Dynamik, daß
dessen Auswirkungen noch heute in meinem Leben ihren Widerhall finden.

Wir hielten es so in unserer Bibelstunde, daß wir eine kurze
Zeit gemeinsam sangen und beteten, bevor wir Mädchen uns je
nach Alter für die Unterweisung in mehrere Gruppen aufteilten.
An jenem bewußten Tag blieben wir jedoch zusammen, und
Mrs. Green, die Leiterin, sprach zu uns allen. Immer wenn sie
das Wort ergriff, wurde es mucksmäuschenstill, und niemand
gähnte mehr vor Langeweile. Und heute war das nicht anders.
Da es der Pfingstsonntag war, wollte sie wahrscheinlich über das
erste Pfingsten und den Heiligen Geist mit uns sprechen. Ich

9

kann mich an kein einziges ihrer Worte von damals erinnern, aber sie hatte unsere Aufmerksamkeit bis zum Schluß. Und genau hier klärt sich der Nebel der Vergessenheit, und mir sind die folgenden Ereignisse noch erstaunlich gegenwärtig. Um ein paar Punkte ihres Vortrages zu betonen, begann sie, uns ein Gedicht vorzulesen.

Es war ein ziemlich feierliches Gedicht. Gespannt folgte ich der Handlung. Da war von einem Mann die Rede, der während seines ganzen Lebens immer wieder in regelmäßigen Abständen die ihn rufende Stimme Gottes hörte. Das erste Mal forderte ihn der Heilige Geist auf, Jesus Christus zum Kapitän seines Lebens zu machen, als er noch ein kleiner Junge war. Aber er wollte nichts davon wissen. Dann rief ihn der Geist wieder, – und er war nun schon ein Teenager –, dann in den Zwanzigern und Dreißigern, sein ganzes Leben lang. Doch der Mann verhärtete sein Herz nur immer mehr. Schließlich – er lag schon auf dem Sterbebett – gab Gott ihm noch einmal die Gelegenheit, Barmherzigkeit zu empfangen, doch selbst in diesem letzten Augenblick war der Mann nicht bereit nachzugeben. Eine spannungsvolle Stille breitete sich im Raum aus, als Mrs. Green die letzte Zeile las: »Und sich zur Seite auf dem Kissen wälzend, schied er dahin.«

Ich wußte, daß dieser Mann in eine Ewigkeit ohne Gott hinübergewechselt war. Der Geist würde niemals mehr zu ihm kommen. Er war auf ewig in der Finsternis. Mrs. Green erklärte ganz schlicht, daß wir gerade in diesem Augenblick uns dazu entschließen könnten, zu empfangen, was jener Mann zurückgewiesen habe – die Liebe und die Vergebung Gottes. Ich hörte, wie dieselbe Stimme mich rief. Da mußte ich einfach antworten. Ich wollte die Gelegenheit beim Schopfe packen und wollte gewiß sein, daß ich, wenn ich stürbe, in den Himmel gehen würde. Ich wollte nicht ohne Gott sterben, und genausowenig wollte ich ohne ihn leben. Dort auf jener hölzernen Bank schloß ich meine Augen mit klopfendem Herzen und neigte meinen Kopf. »Herr Jesus, bitte komm in mein Leben, wasch mich innerlich rein. Ich gebe dir mein Leben.« Das war keine tiefschürfende Theologie, nur ein schlichtes, kindliches Gebet.

Und es geschah etwas. Gott kam zu mir! Die geradezu explodierende Freude in mir ließ mich wissen, daß er gehört hatte. Der Raum war schon zuvor sonnendurchflutet gewesen, doch jetzt war noch mehr Sonne darin. Ich war schon zuvor fröhlich gewesen, aber jetzt war ich fröhlicher. Alles um mich schien neu zu sein, aber ich allein war neu geworden, und niemals mehr würde ich so sein wie früher.

Das Mädchen neben mir hatte überhaupt nicht mitbekommen, daß irgend etwas geschehen war, doch in meinem Innern hatte sich ein derartiger Wandel vollzogen, daß es mir vorkam, als wäre das Leuchten in meinem Leben bisher nur Dunkelheit gewesen. Im zarten Alter von sieben Jahren hatte ich Zugang zu einer Freiheit gewonnen, die ich mehr und mehr schätzen gelernt habe, während die Jahre ins Land gegangen sind.

Die Menschen sehnen sich nach Freiheit. Ihr galt der Schrei so vieler Herzen in all den Jahrhunderten. Freiheit wovon? Von Unterdrückung und Tyrannei, von Schmerz und Krankheit, von Armut, Entwürdigung, Angst und Sorge. In Liedern wird sie besungen, sie ist Ursache für Protestzüge, Motiv für Attentate, Staatsstreiche und politische Konflikte. Die Sehnsucht danach hat sich Bahn gebrochen durch Wut und Gewalt oder ist zuweilen in Passivität und Apathie erstickt. Auf der Suche nach der Freiheit hat so manch einer gemeint, er könne nicht abwarten und müsse das Gesetz selbst in die Hand nehmen, während andere wieder das Gegenteil tun und zum Aussteiger werden. Indem sie die Gesellschaft mit ihren gängigen Richtlinien und Werten zurückweisen, suchen sie sich ihre eigene individuelle Welt zu schaffen, frei von jeder Abhängigkeit und ohne Verpflichtung irgend jemand gegenüber. Wie kann ich also behaupten, ein kleines Mädchen von sieben sei imstande, den Schlüssel zu finden, während so viele andere, die im dunkeln tappen, noch nicht einmal die Tür sehen?

Der Mensch ist ja berechtigt, sich nach der Freiheit zu sehnen, aber er begreift einfach nicht, welchen Charakter seine Gefangenschaft letztlich hat. Ja, versklavt ist er, aber wodurch und von wem? Da müht er sich ab, sich seiner äußeren Fesseln zu entledigen, und übersieht dabei das Kernproblem – die Gefangenschaft des menschlichen Herzens.

Diese Gefangenschaft bezieht sich nicht auf das Ansehen der Person. Jeder einzelne Mensch trägt in sich den Keim zum eigenen Untergang. Seine Einstellungen und Gelüste sind grundsätzlich egozentrisch und antigöttlich. Das Böse hat immer erst einmal Vorrang. Und auch wenn der Mensch für sich selbst oder seine Umgebung zunächst einmal eine scheinbare Besserung erzielt, so bleiben seine Anstrengungen doch immer nur an der Oberfläche. Sie können einen dauerhaften Frieden nicht schaffen, weil die Wurzeln des Menschseins unberührt bleiben. Er wird immer wieder in den Morast seines Wesens zurücksinken, als würden Bleigewichte Schwerkraft an seine Seele legen.

Wie kann er sich aber von diesem Gewicht befreien, um aufwärtstreiben zu können? Das bringt er selbst nicht zustande. Der Mensch ist eine tragische Figur, eine majestätische Ruine. Einst wurde er zum Bilde Gottes geschaffen, und noch immer haftet ihm einiges jener Herrlichkeit an, deren Erbe er ist. Gelegentlich bekennt er sich auch noch dazu, nach Güte und Reinheit zu trachten, ist aber dann unfähig, das geistliche und moralische Niveau zu erreichen, nach dem er strebt. Je verbissener er den Aufstieg probt, desto illusionsloser wird er über sich selbst und über den Rest der Welt denken. Er macht sich Gesetze und fesselt sich damit noch mehr, weil er sie nun halten muß. So entledigt er sich ihrer wieder und hat sich bald festgefahren in einem Sumpf, der unweigerlich entsteht, wo es keine Richtlinien mehr gibt.

»Wer wird mich erlösen?« ruft verzweifelt der Apostel Paulus. Aber es sind Worte, die sowohl Rechtschaffene als auch Übeltäter seit dem Garten Eden in den Mund genommen haben.

Freiheit muß im Innern anfangen mit der Entdeckung, was Friede mit Gott eigentlich ist. Die Neigung zum Aufbegehren muß ein Ende haben, und eine neue Mitte muß aufgetan werden, weg vom Ich, in der Gott sowohl Ursprung als auch Ziel ist.

Am Anfang steht die Erkenntnis, daß nur Gott in Jesus Christus das menschliche Herz verändern kann. Als Jesus auf der Erde lebte, machte er sich vollkommen eins mit der gesamten Menschheit. Er war zwar auch Mensch, aber doch ohne den entscheidenden Makel, der andere Menschen zur Sünde treibt. Als er starb, legte er sein fehlerloses Leben als Opfer für uns vor

Gott hin. Er hat den Preis ganz bezahlt, um uns von Sünde und Tod zu erlösen. Gott sah seinen Sohn, wie er dort mit seinem blutig zerschundenen Leib am Kreuz hing, und rief durch die himmlischen Gefilde: »Das genügt! Jesus hat teuer bezahlt für die Sünde des Menschen, und ich nehme sein Opfer an. Um seinetwillen werde ich Barmherzigkeit üben. All die anderen sind angenommen in dem Geliebten.«

Der Preis ist für unsere Freiheit bezahlt worden. Das Schloß an unserem Käfig ist zerbrochen worden. Doch wir können noch immer im Gefängnis bleiben und versuchen, uns selbst den Weg freizukämpfen, indem wir an die Gitterstäbe schlagen. Jesus sagt: »Ich bin die Tür.« Und er ist wirklich der einzige Ausweg zur wahren und dauerhaften Freiheit.

Hier ist es, wo Freiheit anfängt: nicht mit grandiosen Gedankengebäuden, ideologischen Reformen, nicht mit Versuchen, sich zu bessern, nicht mit sozialen Umschichtungen oder gar Revolutionen. Das alles mag irgendwo seine Berechtigung haben, aber immer erst als zweite Wahl. Der Wandel muß im menschlichen Herzen einsetzen, in einem Herzen, das sich noch vor dem schmalen Tor demütigt. Dieses ist nämlich zu schmal, als daß man Stolz, Intellektualismus, Prestigedenken oder die Vorzeigeobjekte von Wohlstand, Ruhm und eigener Leistungsfähigkeit mit hindurchnehmen könnte. All das muß draußen abgeladen werden, wobei das Herz leidvoll erfahren muß, was es heißt, so ganz entkleidet zu werden, nackt und bloß dazustehen. »Wenn jemand durch mich eingeht, so wird er errettet werden und wird ein- und ausgehen und wird Weide finden.«

Gott will Sie gar nicht annehmen mit dem, was Sie gehortet haben, denn all das ist der Freiheit ein Klotz am Bein. Er will Sie vielmehr ganz unverfälscht. Und wenn Sie dann Ihre Hand ausstrecken, um die Tür aufzustoßen – auch wenn sie noch so schmal und winzig wirkt –, so werden Sie erleben, wie das Türchen den Blick freigibt auf Dinge, von denen Sie nicht einmal gewagt hätten zu träumen. Dann ist schnell vergessen, was Sie zurückgelassen haben, denn das alles erscheint jetzt geradezu schäbig und billig. Wie konnte es Ihnen jemals so wichtig gewesen sein? Auch der Augenblick der Entblößung ist schnell vergessen, wenn Sie ganz neu mit Gerechtigkeit, Liebe

13

und Annahme bekleidet werden. Jetzt fängt nämlich das wirkliche Abenteuer erst an, wenn Sie zu erforschen beginnen, was es mit der Freiheit eigentlich auf sich hat. Frei sind Sie jetzt von der Bürde, schuldig zu sein, denn sie ist abgefallen, als Sie durch die Tür gingen. Und wenn Sie sich auf den Weg machen, werden Sie feststellen, daß die Freiheit grenzenloser ist, als Sie es vermutet haben. Das ist die neue Dimension, in der durch Jesus Freiheit herrscht von Furcht, Bitterkeit, Angst und Zorn und vielen anderen Feinden. Diese werden immer noch versuchen, Sie zu fangen und zu binden, aber wo der Geist des Herrn ist, da ist Freiheit.

2

Freiheit von Verdammnis

Die Sonne stand schon hoch am Himmel. Ein Lichtstrahl drang durch das schmale Fenster herein und und beschien das Gesicht der Frau auf dem Bett. Schläfrig blinzelnd schaute sie sich in dem dämmrig beleuchteten Raum um, der ihr fremd war. Langsam kehrten die Erinnerungen zurück. Müde drehte sie sich auf die Seite und streckte die Hand aus.

Ihr Liebhaber war bereits wach. Er schaute sehr besorgt. »Es ist spät«, murmelte er. Der Lärm des Tages drang zum Fenster herein. »Die Straße ist schon ganz schön belebt«, dachte sie und wollte es gerade aussprechen, als ihr Liebhaber ihr zuvorkam: »Was ist denn das für ein Stimmengewirr da draußen?« fragte er erschrocken. Und schon im nächsten Augenblick wurde an die Tür gepocht. Die bisher unverständlichen Rufe draußen waren nun als ein Gewirr von zornigen Anklagen zu vernehmen.

Zu Tode erschrocken, schaute sich das Paar an.

»Was sollen wir jetzt machen?« flüsterte sie.

»Fliehen!« entgegnete er.

Kaum hatte er dieses Wort gesprochen, da sprang er auch schon aus dem Bett, schlüpfte in seine Kleider und verließ den Schlafraum durch die Hintertür. Sekunden später barst die Haustür, und eine erregte Menge stürzte in das Zimmer, in dem die Frau immer noch wie versteinert lag. »Da ist sie! Und in seinem Bett haben wir sie erwischt! Wo steckt er denn? Weit kann er noch nicht sein, das Lager ist ja noch warm.« Sie kauerte auf dem Bett und versuchte, sich vor den anklagenden Blicken hinter ihrer Decke zu verbergen. Sie wagte es nicht, den Umstehenden ins Gesicht zu sehen, aber sie wußte ganz genau, daß man mit Befriedigung und im Gefühl des Triumphes auf sie herabsah. Es war die Befriedigung bei denen, die es ja schon immer gewußt hatten, daß sie eine Schlampe war, und deren Verdacht nun zur Gewißheit geworden war. Es war der Triumph von Menschen, denen ihr Ehemann ziemlich gleichgültig war, die aber ein Opfer gesucht hatten, das mit dem Gesetz in Konflikt geraten war.

Sie wußte, daß es sinnlos war, noch etwas vorzubringen. Sie lag ja hier – in seinem Bett! Es hätte nichts gefruchtet, hätte sie sich damit verteidigt, doch noch so jung zu sein, im Gegensatz zu ihrem so viel älteren Mann. Um Gnade zu betteln, hätte nichts gebracht. Das Gesetz war unerbittlich mit seinem Urteil. Kein Schlupfloch tat sich auf; mildernde Umstände konnte sie nicht geltend machen. Sie war eben schuldig, schuldig, schuldig! Und sie wußte, was ihr bevorstand – man würde sie zu Tode steinigen.

Man zerrte sie, die vor Todesangst wie ein gefangenes Tier bebte und schlotterte, hinaus auf die Straße. Und während man sie fortschleppte, schlossen sich viele an, die Blut geleckt hatten, so daß die kleine Gruppe schnell zu einer aufgebrachten Menge anwuchs. Es passierte schließlich nicht jeden Tag, daß man die ehrwürdigen Pharisäer mit ernster Miene und den wehenden Troddeln ihrer Kleider vorbeieilen sah, gefolgt von einer johlenden Menge, die eine junge Frau, zerzaust und halb nackt, in Richtung Tempel vor sich her stieß. Nun würde man sie den Gesetzeslehrern vorführen und, falls schuldig gesprochen, vor die Stadt zu einer tiefen Grube zerren und dann mit Steinen und Felsbrocken zu Tode steinigen. Das war immer ein gewaltsamer, qualvoller Tod, dessen Eintritt nie vorauszusagen war, hing doch alles von der Treffsicherheit der Werfer ab.

Sie war ausgeliefert. Staub, Lärm, zupackende Hände, Scham, Demütigung, Schuld und Angst, all das war ein einziger Alptraum. Sie konnte sich drehen und wenden, es gab einfach keine Flucht mehr vor diesen zupackenden Händen, die sie gefangenhielten. Doch genauso gab es kein Davonkommen mehr vor der Schuld, die schwer auf ihrer Seele lastete.

Hätte sie sich doch abgewandt, damals, als sich ihre Blicke zum ersten Mal trafen! Hätte sie nur nicht mit ihm kokettiert, als er sein Interesse signalisierte. Wenn sie es doch nur nicht zuge-

16

lassen hätte, daß seine Hand auf ihrer ruhte. Es hätte auf keinen Fall zu Geschäker und Liebkosungen kommen sollen. Das brisante Gemisch hätte nicht länger schäumen dürfen, wo doch schon ein paar bedachte Worte alles zum Erliegen gebracht hätten. Wenn sie doch nur nicht erzählt hätte, daß ihr Mann geschäftlich unterwegs war. Wenn, wenn . . .

Aber sie hatte mitgespielt als willige Verschwörerin. Und Spaß hatte es ihr auch gemacht – das Flirten, die heimlichen Verabredungen, die Intimitäten. Die ganze Zeit hatte sie gewußt, daß das alles sehr riskant war. Aber irgendwie schien im Rausch dieser Romanze die Vorstellung, ertappt zu werden, weit fern und unwirklich. »Das kann uns doch nicht passieren, oder?«

Wie Tausende zuvor und Tausende seitdem hatte sie sich für eine Richtung entschieden. Sie hatte mit dem Feuer gespielt, und nun drohte sie darin zu verbrennen. Was wie ein harmloses Geplänkel angefangen hatte, nahm nun einen sehr ernsten Verlauf. Ehebruch, so sagte das Gesetz, sei Sünde, und darauf stand der Tod.

Ums Gesetz ließ sich nicht streiten; es hatte immer recht. Es wies zwar auf die Sünden hin, hielt aber letztlich niemand davon ab. Es nannte die Sünde beim Namen, aber es kannte keine Nachgiebigkeit. Menschliche Einwände wie die folgenden blieben unberücksichtigt: »Wenn du wirklich verliebt bist, dann ist das schon in Ordnung« oder »Du mußt mehr Selbstbewußtsein entwickeln und tun, was du für richtig hältst« oder »Wer schon etwas Verbotenes tut, der muß wenigstens aufpassen, daß er nicht erwischt wird.« Nein, das Gesetz war messerscharf, klar und unerbittlich. Es riß jede böse Tat aus der Grauzone, die solch ein Schlafzimmer darstellen konnte, und stellte sie im grellen Licht des Tages unanfechtbar als Sünde an den Pranger. »Schuldig!« hieß das Urteil des Gesetzes, und es gab kein Entkommen.

Sie erreichten den Tempel und betraten einen der Vorhöfe. Die Schriftgelehrten und Pharisäer schienen genau zu wissen, wohin sie sich wenden mußten. Sie gingen geradewegs auf eine Ecke zu, wo sich um einen Rabbi Leute versammelt hatten. Einer der Pharisäer packte die Frau am Arm und schleuderte sie in deren Richtung. Mitten in dem Kreis von Männern stürzte sie, von ihren Anklägern bedrängt, zu Boden, direkt vor die Füße des

17

sitzenden Lehrers. Der Wortführer verkündete – und man sah ihm an, wie sicher er sich seiner Sache war –: »Lehrer, wir haben diese Frau beim Ehebruch ertappt. Nun ist es doch so, daß uns das Gesetz des Mose gebietet, solch eine Frau zu steinigen. Was sagst du dazu?«

Es wurde plötzlich ganz still. Alle Anwesenden schwiegen, denn jeder ahnte, daß es hier um mehr ging als um das Leben dieser Sünderin. Die Schriftgelehrten und Pharisäer sahen ihn herausfordernd an. Sie meinten, einen Trumpf ausspielen zu können. Würde dieser Jesus von Nazareth, von dem einige behaupteten, er sei der Messias, sich dem Gesetz beugen? Würde er dessen alles beherrschende Stellung anerkennen und einge-stehen, daß auch er kein Jota oder Häkchen davon abstreichen könne? Oder würde er sich aus Mitleid darüber hinwegsetzen und damit die Anklage, ein Gesetzesbrecher und Rebell zu sein, geradezu auf sich ziehen?

Jesus beugte sich vor und kritzelte etwas mit dem Finger in den Sand. Nur jene Frau konnte in sein Gesicht sehen. Sie ahnte in diesem Augenblick wohl nichts davon, daß sie sich gerade genau in der Mitte zwischen Gesetz und Gnade befand, zwi-schen Mose und Jesus. Auf der einen Seite verdammte und verklagte sie das Gesetz, das unbestreitbar im Recht war mit all seiner Gerechtigkeit. Auf der anderen Seite der Sohn Gottes. Wer hätte bestreiten können, daß auch er die Seite des Rechts und der Gerechtigkeit vertrat? Würde also auch er verdammen und verklagen?

Die Pharisäer wiederholten noch einmal ihre Anklagen und drängten auf eine Antwort, doch Jesus fuhr einfach fort, im Sand zu zeichnen. Die Frau sah ihn verwundert und fragend an. Er hatte keine Eile und gab dem Drängen nicht nach. Er wirkte so gelassen. Dabei hatte sie den Eindruck, als warte er auf etwas – auf eine Antwort von oben. Je länger er schwieg, desto hitziger wurden die Ankläger mit dem, was sie vorbrachten. Ganz plötz-lich stand Jesus dann aber auf und schaute schweigend in die Runde. Das Getöse ließ schlagartig nach, und klar und bestimmt sprach er aus, was jene sich zu Herzen nehmen sollten: »Wer von euch ohne Sünde ist, werfe den ersten Stein auf sie.« Dann setzte er sich wieder und fuhr fort, im Sand zu schreiben.

18

Einige der Umstehenden liefen im Gesicht rot an, denn sie waren bestürzt, enttäuscht, voll zurückgehaltener Wut, während anderen die aggressive und unwürdige Stimmung plötzlich verging. Worauf wollte Jesus mit seiner Bemerkung eigentlich hinaus? Die älteren und weiseren Männer waren die ersten, die sich abwandten und gingen. Ihnen wurde klar, daß sie selbst nicht ohne Schuld waren. Die Jüngeren allerdings, voll selbstgerechter Entrüstung und Arroganz, waren weit weniger geneigt, ihre Steine wieder fallenzulassen. Aber schließlich stahlen auch sie sich davon.

Die Frau, die noch ein paar Augenblicke zuvor todgeweiht schien, konnte sich nun an einen unverrückbaren Felsen klammern – die Gnade Gottes. Eben noch hatte sie einen schrecklichen, qualvollen und völlig verdienten Tod vor Augen gehabt. Doch nun, da sie ins Angesicht Jesu Christi schaute, begegneten ihr Gnade und Wahrheit. Konnte es denn möglich sein, daß sie heute noch einen Urteilsspruch entgegennehmen würde, der ganz und gar unverdient war?

Ihre Blicke trafen sich, während sie ihn fassungslos anstarrte. »Hat jemand dich verurteilt?« fragte er sanft. »Niemand, Herr«, sagte sie. Da erwiderte er: »So verurteile auch ich dich nicht. Geh hin und sündige nicht mehr.«

Als er das sagte, fiel eine große Last von ihr ab. Sie war frei! Das Urteil war von ihr genommen, und das hieß Begnadigung. Aber auch die Schuld selbst war nicht mehr da. Sie hatte gesündigt, und das Gesetz hatte ihre Sünde ans Licht gebracht. So war sie zu Christus gekommen. Und er hatte sie freigesprochen, erwartete aber nicht, daß sie ihre Schuld abarbeiten oder dafür sühnen mußte, daß sie Bußübungen abhalten, Strafe zahlen oder ins Gefängnis gehen mußte. Es wurde ihr keine Rechnung aufgemacht.

»Sündige nicht mehr«, hatte er gesagt. Nun hatte sie Macht über die Sünde! Sie konnte hingehen und ihre Freiheit leben. Sie mußte nicht mehr unter der Last ihrer Sündhaftigkeit leiden. Und das bedeutete, auch nicht mehr unter dem Gesetz zu leben. Ja, hätte sie dies versucht, ihr wären die Kräfte genommen worden zu einem sündenfreien Leben. Das Gesetz konnte die Sünde definieren, konnte bloßstellen und verurteilen, aber nicht die

Gegenkraft verleihen. »Denn das dem Gesetz Unmögliche, weil es durch das Fleisch kraftlos war, tat Gott, indem er seinen eigenen Sohn . . . für die Sünde sandte und die Sünde im Fleisch verurteilte« (Röm. 8,3). Wenn erst einmal »das Gesetz des Geistes des Lebens in Christus Jesus« die Herrschaft übernommen hat, dann hat es »frei gemacht von dem Gesetz der Sünde und des Todes« (Röm. 8,2). Diese Frau war nicht mehr gezwungen, unter dem schweren Joch des Gesetzes zu leben. Statt dessen konnte sie Jesus aus einer vollkommen anderen Motivation heraus gehorchen, aus Liebe nämlich.

Jesus sagte ihr in diesem Augenblick, was Paulus später an die Christen in Rom schreiben würde: »Stellt auch nicht eure Glieder der Sünde zur Verfügung als Werkzeug der Ungerechtigkeit, sondern stellt euch selbst Gott zur Verfügung als Lebendige aus den Toten und eure Glieder Gott zu Werkzeugen der Gerechtigkeit« (Röm. 6,13).

»Geh hin und sündige nicht mehr.« Das klingt so einfach, aber genau hier bleiben viele Christen dann stecken. Mir ist es genauso ergangen!

Es war während der letzten Jahre meiner Teenagerzeit. Ich hatte eine Periode geistlicher Rückschläge hinter mir und fing nun an, den Römerbrief zu lesen. Besonders das Kapitel 5 hatte es mir angetan, bereitete es mir doch den Weg zurück zu Gott. Ich muß wohl nicht besonders betonen, daß ich mich großartig fühlte, als ich ganz neu die Gnade und den Frieden Gottes spürte. Ich wurde daran erinnert, daß es Gott war, der die Initiative ergriffen hatte, indem er seinen Sohn gesandt und an meiner Statt hatte sterben lassen. Seine Liebe zu mir war so überwältigend, seine Vergebung kostenlos und unverdient.

Ich las weiter bis ins Kapitel 6: »So auch ihr, haltet euch der Sünde für tot, Gott aber lebend in Christus Jesus . . . So herrsche nun nicht die Sünde in eurem sterblichen Leib . . . Denn die Sünde wird nicht über euch herrschen.«

Diese Aussagen machten mich stutzig, besonders jenes Wort über die Sünde, die nicht über uns herrschen werde. Ich verstand das damals so: »Du wirst nicht sündigen, weil du ein Christ bist.« Das Problem war nur, daß ich eben doch sündigte!

Besonders in der Schule war es schwierig. Ich hatte mir eine schlimme Sprache angewöhnt, und meine Temperamentsausbrüche machten mir schwer zu schaffen. Ich führte freche Reden und erledigte meine Hausaufgaben nicht. Das christliche Leben war offensichtlich ein mühseliges Geschäft, unterschied ich mich doch nicht ein bißchen von meinen Klassenkameraden! Ich wußte nicht, wie ich das einordnen sollte, und wurde richtig ärgerlich darüber. Ich erinnere mich noch daran, wie ich eines Abends mit meinem Gemeindejugendleiter an der Bushaltestelle darüber diskutierte. »Es heißt, die Sünde wird dich nicht beherrschen, aber sie tut es ja eben doch ganz schön!« Ich explodierte regelrecht. »Bin ich nun gerettet oder nicht? Warum gilt die Bibel denn nicht für mich? Anscheinend mache ich dauernd irgend etwas falsch.«

Geduldig versuchte er, mir die Schrift verständlich zu machen, aber ich konnte es einfach nicht begreifen. Nach meinem Denken damals war ich ein lebender Widerspruch – ein Sünder, dem wohl vergeben war, der aber immer noch sündigte!

Die Lösung für mich bestand darin, daß ich mir sagte: »Du mußt dich eben noch mehr anstrengen. Konzentriere dich ganz darauf, ein liebes Mädchen zu sein. Mach alles, was ein Christ tun sollte, und vermeide alles, was ein Christ nicht tut.« Ich versuchte also – leider nicht besonders erfolgreich –, mich an ein selbst auferlegtes Regelwerk zu halten.

»Ich muß früh aufstehen und beten!« – Doch da versagte ich schon. Zwar war ich schon früh genug auf den Beinen, aber ich mußte ja noch Zeitungen austragen und konnte deshalb nicht beten!

»Ich will mich nicht im Gesicht anmalen!« – Auch das war schnell relativiert: ». . . außer an Wochenenden und auf Partys.«

»Ich will mich nicht mit Jungen abgeben!« – Hierzu gab es auch bald eine Ergänzung: ». . . bis mir der nächste nette Junge über den Weg läuft.«

Jahrelang schlug ich mich auf diese Weise durch. Ich wollte Gott unbedingt Freude machen. Ich wollte ein heiliges Leben führen. Deshalb erlegte ich mir Regeln auf, um dieses Ziel zu erreichen. Aber um so mehr verachtete ich mich, wenn ich es wieder einmal nicht schaffte, sie zu halten. Es gab eine Zeit, während ich auf der Bibelschule war, da ging ich, statt sonntags zu Mittag zu essen, auf mein Zimmer und betete. Es dauerte nicht lange, und ich ließ auch das Frühstück und den Nachmittagstee aus. Dann bezog ich in mein Fasten auch den Samstag mit ein und fastete schließlich das ganze Wochenende.

Das Fasten zur richtigen Zeit, am richtigen Ort, kann sehr fruchtbar und segensreich sein. Aber wenn es ein selbst auferlegtes Ritual ist, das nur durchgehalten wird, weil man sein geistliches Ego stärken will, dann kommt nur Stolz dabei heraus. Es dämmerte mir, daß irgend etwas nicht stimmte, als ich Gefahr lief, mit Verachtung auf jene herabzuschauen, die etwas so Weltliches taten, wie sich das Sonntagsessen schmecken zu lassen.

Doch ein Silberstreifen am Horizont tauchte auf, als ich mit dem Heiligen Geist getauft wurde. Ich verliebte mich ganz neu in Jesus. Und die Freude an seiner Liebe und Gemeinschaft nahm mich so in Anspruch, daß ich gar nicht mehr viel über die Sünde nachdachte. Aber auch einige meiner Regeln verloren ihren Stellenwert, wenn ich sie nicht gar als falsch erkannte.

Trotzdem, von Zeit zu Zeit tat ich Dinge, die nicht recht waren, und hinterher fühlte ich mich immer sehr schlecht. An eine Situation erinnere ich mich noch sehr genau. Ich war damals schon mit Terry verlobt. Er war noch auf der Bibelschule, und ich arbeitete im Londoner East-End. Wir konnten uns ziemlich selten sehen. Als dann eine meiner Freundinnen mir anbot, in ihrer Wohnung in der Nähe der Bibelschule zu übernachten, während sie selbst über das Wochenende fortfuhr, nahm ich die Gelegenheit wahr und ließ mir den Haustürschlüssel aushändigen.

Ihre Wohnung lag im Erdgeschoß eines Hauses, das einer alten Dame gehörte. Spät in der Nacht zum Sonntag betrat ich das Haus und ging zu Bett. Früh am nächsten Morgen wurde ich dann von einer wütenden alten Dame geweckt, die noch Haarnetz und Morgenmantel trug und einen Feuerhaken schwenkte. Es stellte sich heraus, daß meine Freundin und ich es versäumt hatten, der armen alten Dame Bescheid zu sagen, daß ich die Wohnung in Abwesenheit meiner Freundin benutzen würde. Als die alte Frau dann um Mitternacht den Schlüssel im Schloß hörte und auch noch mitbekam, daß jemand auf leisen Sohlen im Erdgeschoß hin und her lief, verging sie fast vor Angst. Die ganze Nacht hatte sie kein Auge zutun können, und als sie dann herausfand, daß ich der Übeltäter war, war sie verständlicherweise sehr erbost.

Ich verließ das Haus und fühlte mich bedrückt, gemaßregelt und schrecklich schuldig, soviel Aufregung verursacht zu haben. Es war Sonntagmorgen, und so traf ich Terry, und wir gingen zusammen zum Gottesdienst.

Doch es gelang mir nicht, in Anbetungshaltung zu kommen. Ich fühlte mich so überwältigt von Verdammnis. Ich konnte mein Gesicht nicht erheben, geschweige denn meine Hände. Jedesmal, wenn ich ansetzte, mich einzubringen, trafen mich die Pfeile der Verdammnis. »Wie kannst du es wagen, anbeten zu wollen, wo du doch eben noch der alten Frau solche Höllenqualen bereitet hast! Du bist unaufmerksam, herzlos und rücksichtslos. Wie kann Gott da Anbetung von dir entgegennehmen? Eine ausgemachte Heuchlerin bist du! Deine Anbetung ist nichts als Schau!« Ich zweifelte nicht an dem, was ich dachte, und so saß ich den ganzen Morgen schweigsam und niedergeschlagen da.

Nach dem Gottesdienst gingen Terry und ich zur nächsten U-Bahn-Station. Während wir auf den Zug warteten, sprachen wir über die Situation. »Dein Problem ist, daß du immer noch versuchst, Gottes Liebe durch das Halten von Gesetzen zu verdienen«, sagte Terry. »Wenn du also eines deiner Gesetze gebrochen hast, dann meinst du gleich, er hätte aufgehört, dich liebzuhaben, und du müßtest ganz von vorn anfangen, seine Liebe zu verdienen. Aber Jesu Liebe für dich hat sich doch kein bißchen verändert wegen dem, was der alten Frau passiert ist. Es könnte dir heute nacht noch einmal passieren, und er würde dich immer noch lieben.« Ich war außer mir. Das war ja regelrecht Gotteslästerung!

»Sieh mal«, sagte er geduldig, »ich liebe dich doch, weil du du bist, aber nicht, weil du versuchst, dir meine Liebe zu verdienen. Ich würde dich immer noch lieben, wenn du den ganzen Tag im Bett liegen und nichts tun würdest. Und Jesu Liebe ist genauso, nur eben viel, viel größer. Du mußt überhaupt nichts tun, damit er dich liebt. Er liebt dich so oder so.«

»Bist du sicher?« brachte ich gerade noch hervor, weil es mir den Atem verschlug.

»Ganz und gar!« bestätigte er. »Das bedeutet natürlich auch, daß du rein gar nichts tun kannst, um ihn davon abzuhalten, dich zu lieben. Dein Verhalten, das die alte Frau so aufgeregt hat, hat überhaupt keinen Einfluß auf deinen Stand in Christus. Es hat deiner Erlösung keinen Abbruch getan. Du kannst nicht im Geist wieder ›ungeboren‹ sein!«

»Ich fühle mich aber so abgeurteilt«, wandte ich ein. »Ich habe ihr weh getan, und mir passieren solche schlimmen Sachen so oft.«

»Mir doch genauso«, bekannte mein geduldiger Bräutigam. »Aber ich erlaube es dem Teufel nicht, mich an meine Schuldgefühle zu binden. Ich bekenne meine Sünde und werde sie damit los.«

Wenn ich jetzt zurückschaue, dann war es schon erstaunlich, daß jemand, der die Bibel so viele Jahre lang gelesen hatte, so wenig Bescheid wußte. Ich war durch Gnade gerettet worden, aber mein ganzes Bestreben war noch immer, nicht durch Glauben, sondern durch gute Werke zu leben. Wenn dann aber die guten Werke ausblieben, war ich sehr empfänglich für Verdammnisgefühle. Allmählich lernte ich dann, das, was die Bibel sagte, als Wahrheit anzunehmen. Ich war eben doch kein Sklave der Sünde mehr und führte auch nicht gewohnheitsmäßig und willentlich ein gottloses und egozentrisches Leben. Mein tägliches Leben war durchaus von Rechtschaffenheit gekennzeichnet, und es wurde mir wichtig, aus meinem wiedergeborenen Geist heraus zu leben.

Ich mußte begreifen, daß mein wiedergeborener Geist in einem Leib aus Fleisch und Blut beheimatet ist und daß ich ihn zuweilen eben nicht im Griff habe, sondern ihm nachgebe. Zuvor hätte mich das in eine schizophrene Verwirrung geraten lassen:

»Ich bin gerettet, das weiß ich genau.«

»Aber du hast gesündigt.«

»Ich habe es aber nicht gewollt. Ich werde mir noch mehr Mühe geben.«

24

»Aber du kannst doch gar kein Christ sein, wenn du sündigst.«

»Laß mir Zeit. Ich verspreche, daß ich mich bessern werde, und dann werde ich zu Gott zurückkehren.«

»Du wirst es bestimmt wieder machen, das weißt du selber. Du bist ein hoffnungsloser Fall! Du wirst nie freikommen!«

Verdammnis ist eine der stärksten und tödlichsten Waffen Satans, und sie ist so wirkungsvoll, weil Gläubige die Wahrheit über ihren Stand in Christus nicht genau kennen. Ich habe inzwischen gelernt, daß ich mich entscheiden kann; ich muß es nicht zulassen, daß die Sünde mein Leben beherrscht, und ich muß nicht auf Satans Lügen hören. Er behauptet nämlich: »Du bist nichts wert, du kannst gar kein Christ sein.« Ich sage darauf: »Die Bibel sagt, ich bin inwendig neu, ich bin wiedergeboren, ich bin der Sünde gestorben, ich bin dem Gesetz gestorben, aber ich bin lebendig in Christus.« Und das ist der Grund, warum ich meine Freiheit auch ausleben kann.

Wie sieht es aber aus, wenn ein Christ nun doch sündigt? Stellt das nicht alles in Frage? Keineswegs. Es bedeutet nur, daß der betreffende willentlich der Versuchung nachgegeben hat. Er war nicht etwa machtlos oder gar gezwungen, das Falsche zu tun, er hat nur seine Freiheit nicht eingesetzt, entweder aus Unwissenheit oder aus Schwäche, oder weil er es nicht anders wollte.

Terry hat das einmal sehr einleuchtend erklärt: »Es ist, als würden wir in einem Haus wohnen, das ›Freiheit von Sünde‹ heißt. Das ist unser normaler Aufenthaltsort, dort, wo wir Freiheit, Geborgenheit, Zugehörigkeitsgefühl und Aufenthaltsrecht haben. Wenn wir nun sündigen, werden wir nicht unwiderruflich hinausgeworfen, ohne Möglichkeit, zurückzukehren. An der Rückseite des Hauses ist ein Notausgang, durch den man auch hineingelangen kann, und darüber steht 1. Johannes 2,1 und 1,9 geschrieben: ›Wenn jemand sündigt – wir haben einen Beistand bei dem Vater . . . Wenn wir unsere Sünden bekennen, ist er treu und gerecht, daß er uns die Sünden vergibt und uns reinigt von jeder Ungerechtigkeit.‹ Wir benutzen diese Tür allerdings nicht ständig, denn sie ist nur für den Notfall da.«

Das christliche Leben ist nicht zur Sünde hin ausgerichtet, sondern zur Gerechtigkeit. Unsere alte Natur ist gestorben, und wir sind von der Sünde nicht mehr versklavt (Röm. 6,6). Weil aber unser neues Wesen noch immer im Fleisch existiert, das verwundbar ist, fallen wir zuweilen auch noch. Vom »Fleisch« sind wir so lange nicht frei, bis dieser »Leib der Niedrigkeit« durch einen herrlichen, neuen ersetzt worden ist. Deshalb kann Paulus auch sagen: »(Wir) erwarten die Sohnschaft: die Erlösung unseres Leibes.«

In der Zwischenzeit, wenn wir denn schon sündigen, dürfen wir aber nicht nachgeben, wenn der Feind uns mit hämmernden Schlägen in die Verdammnis treiben will. Er kann uns zwar die Erlösung nicht streitig machen, aber die Lebensfreude kann er uns allemal rauben. Er versteht es, Schuld- und Verdammnisgefühle so anzuhäufen, daß wir uns ganz fern von unserem liebenden Vater fühlen. Dabei ist das Ganze doch nur ein übles Gaukelspiel, ein großer Betrug! Jesus hat für alles Sorge getragen. Bekenne deine Sünden, empfange Vergebung und sage laut, was die Wahrheit ist: »Also gibt es keine Verdammnis für die, welche in Christus Jesus sind.«

Geh hin und sündige nicht mehr! »Du stehst nun nicht mehr unter dem Gesetz.« Das sagte Jesus jener Frau, die beim Ehebruch ertappt worden war. Und es tat seine Wirkung. »Du stehst nun unter der Gnade. Deine Schuld ist fortgenommen. Als du zu mir kamst, hast du nicht nur Vergebung empfangen, sondern eine neue Natur. Dieser Natur ist die Sünde fremd, deshalb bist du ihrer Tyrannei entronnen. Ich mache dich frei.«

Damals wußte sie noch nicht, daß es zwischen dem Vater und Jesus bereits eine abgemachte Sache war, daß er, Jesus, für ihre Sünde bezahlen würde. Später wird sie wahrscheinlich von seiner Gefangennahme gehört haben. Vielleicht stand sie in der Menschenmenge, die die Straßen füllte, als er sein schweres Kreuz über das Kopfsteinpflaster zog. Vielleicht sah sie das angetrocknete Blut, das von den Einstichwunden der Dornen ins Gesicht herabgeronnen war und sich mit dem Schweiß mischte, der in der brütenden Hitze herabtropfte. Vielleicht sah sie aber auch die Striemen, die die Auspeitschung auf seinem Rücken hinterlassen hatte. Er zahlte den Preis, der es ihr gestattete, auf freien Fuß gesetzt zu werden.

Beim Gerichtsverfahren gegen Jesus, als man ihn herbeizerrte und vor seine Ankläger stellte, da war keiner, der gesagt hätte: »Ich verurteile dich aber nicht.« Selbst sein Vater wandte sich ab. Die Frau hätte sterben sollen; sie mußte es nicht. Und er hätte es nicht müssen; doch er starb. Die Freiheit dieser Frau, Ihre Freiheit und meine hat Jesus das Leben gekostet.

Vielleicht wägte er dies alles damals ab, als er in den Sand schrieb und sie schuldig vor ihm stand. Die Schuld mußte bezahlt werden. Wenn sie sie nicht zahlte, dann mußt er es tun. War sie das wert?

Er bezahlte.

3

Freiheit von Bindungen

Sie träumte: Aufrecht und erhobenen Hauptes schritt sie über eine Wiese mit halbhohem Gras, und dabei konnte sie ihre Glieder mit Anmut und Leichtigkeit bewegen. Jemand rief sie beim Namen, und sie begann zu laufen, unbehindert und beschwingt, durch ein Feld von Frühlingsblumen. Dann strauchelte sie und stürzte.

Der Traum war dahin, und, durch die verschiedenen Schichten des Bewußtseins gleitend, trat sie wieder ein in eine Realität voller Schmerz und Behinderungen, die ihr Leben schon 13 Jahre bestimmt hatten. Eingekerkert in ihrem gebeugten und verkrüppelten Leib, erlebte sie die einzige Freiheit, die sie kannte, nur in ihren Träumen.

Es war Sabbat. Heute würde sie zur Synagoge gehen. Zusammengekrümmt lag sie auf ihrem Bett. Dann nahm sie all ihre Kraft zusammen für das, was immer eine Tortur bedeutete – sich aus dem Bett zu winden und anzukleiden. Von der Nacht war sie steif geworden, so daß jetzt jede Bewegung zur Qual wurde. Langsam und mühevoll richtete sie sich Zentimeter um Zentimeter auf, bis sie saß, um sich umständlich ankleiden zu können. Ihre zitternde Hand langte nach dem Stock, der ihre ständige Krücke war, und, darauf gestützt, schlurfte sie quer durchs Zimmer auf eine Ecke zu, wo der Brotkasten am Fußboden lag. Fast all ihre Gebrauchsgegenstände mußten zu ebener Erde oder auf niedrigen Regalen aufbewahrt werden, denn, auch wenn sie sich noch soviel Mühe gab, so konnte sie doch nicht ihr Rückgrat strecken, um irgend etwas zu erreichen, was sich oberhalb ihrer Taille befand.

Der kleine Nachbarjunge klopfte an und betrat den Raum. Er hatte etwas zu trinken und Obst mitgebracht, das seine Mutter, eine fleißige und mitleidige Seele, ihr geschickt hatte. Er wartete artig, bis sich die »kleine Frau«, wie er sie nannte, auf einem Hocker niedergelassen hatte. Dann stellte er das Essen auf einen niedrigen Tisch neben ihr. Er hockte sich hin und beobachtete sie interessiert und neugierig. Kaum jemand schien Zeit für sie zu haben, aber er mochte diese Frau, denn sie war klein. Tatsächlich war er sogar größer als sie, selbst wenn sie aufstand. Das gab ihm das Gefühl, groß und bedeutend zu sein.

Sie trank aus, und er sprang auf, um ihr den Becher abzunehmen. Aber anstatt sich wie sonst zu trollen, blieb er diesmal bei ihr und trat verlegen von einem Fuß auf den anderen. Seine Mutter hätte ihn sicher gescholten für seine Frage, aber er mußte sie einfach loswerden. Etwas schüchtern zwar, aber doch mit kindlicher Direktheit, fragte er: »Warum ist denn eigentlich dein Rücken so krumm?«

So gekrümmt, wie sie war, beschränkte sich ihr Gesichtsfeld eigentlich nur auf den Boden unter ihren Füßen, und so mußte sie sich schon sehr verrenken, um ihn anschauen zu können. Sie seufzte, und er war erleichtert, daß sie wegen seiner kühnen Frage nicht verärgert dreinschaute. Nur wenige Menschen sahen überhaupt einmal ihr Gesicht. Vielleicht war er es ja, der noch am meisten davon sah; und höchst selten hatte er ein Lächeln darauf gesehen. Doch gerade jetzt, in dieser Situation, lächelte sie. Dabei fand er es höchst bemerkenswert, daß einige ihrer tiefsten Falten fast verschwanden.

Es machte ihr gar nichts aus, ihm alles zu erzählen. Nicht viele Menschen hatten Zeit, sich mit ihr zu unterhalten, und noch weniger konnten sich an sie erinnern, als sie noch aufrecht und normal ging wie die anderen. Aber sie mußte aufpassen, nicht zuviel zu erzählen, sonst würde sie nämlich zu spät zur Synagoge kommen. Es kostete sie nämlich immer furchtbar viel Zeit, dort hinzugelangen.

»Ich war nicht immer so«, erzählte sie dem wißbegierigen Jungen. »Ich konnte genauso rennen und herumspringen wie du. Mein Rücken war gerade, und ich konnte meinen Kopf erheben und mich umschauen und alles genauso sehen wie jeder andere auch! Ich habe Spiele gemacht mit meinen Freundinnen, und als ich älter wurde, habe ich meiner Mutter im Haus geholfen und mich um die kleineren Geschwister gekümmert. Ich wünschte mir sehr zu heiraten und eines Tages eigene Kinder zu haben.« Ihr war das Lächeln vergangen, und sie seufzte sorgenschwer. Der Kleine hatte nicht mitbekommen, daß ihr wieder der Traum gegenwärtig war, die Blumenwiese, wo sie die Stimme beim Namen rief, die ihr so liebevoll, mild und verheißungsvoll vorkam.

Traurig und stumpf sah sie vor sich hin, als sie fortfuhr: »Aber ich war oft sehr müde, und manchmal hatte ich unerträgliche Schmerzen in den Beinen. Dann stellten sich schreckliche Schmerzen in den Gelenken ein, besonders am Rücken. Meine Mutter schimpfte oft mit mir, weil ich nicht gerade stand. ›Steh gerade, Kind!‹ sagte sie. ›Brust raus! Du bist ja wieder ganz krumm.‹ Und dann versuchte ich es. Aber mir war so, als sei mir eine schwere Last auf die Schultern gelegt worden, die mich nach unten drückte. Ich wurde immer schwächer. Meine Eltern haben mit mir viele heilkundige Männer aufgesucht, aber man fand kein Mittel. Sie sagten nur, meine Knochen würden sich verbiegen und meine Gelenke steif werden, da könne man nichts tun. Eines Tages fiel ich hin und konnte nicht mehr aufstehen. Freunde trugen mich ins Bett. Das war vor 18 Jahren. Seitdem bin ich so krumm.«

»Auwei«, stieß der Kleine hervor. Ihm hatte es die Sprache verschlagen. Da stand er vor ihr auf einem Bein und steckte sich einen Finger ins Ohr. Und dann kam ihm ganz plötzlich eine Idee, die er auch sogleich hervorsprudeln ließ: »Vielleicht kann dir Jesus ja helfen, weißt du, dich so richtig gerade machen. Mutti sagt, er kommt heute in unser Dorf.« Und noch mit dem Becher in der Hand, trabte er hinaus in die Sonne.

Für einen Augenblick saß sie ganz still da, um Kräfte für den nächsten Schritt zu sammeln. Sie wurde in einer derart festen Umklammerung gehalten, daß jede Bewegung eine neue Welle von Schmerzen mit sich brachte und alle ihre Energien aufbrauchte. Dem Kind von den tragischen Ereignissen vor 18 Jahren zu erzählen, hatte ihr all das Leiden wieder lebendig gemacht, das sie eigentlich in sich zu vergraben trachtete. Sie erinnerte sich, wie die Dunkelheit sich damals um sie schloß, als sie auf dem Bett lag. Aber auch die Einsamkeit und Verzweiflung wegen der verlorenen Hoffnung waren ihr plötzlich wieder gegenwärtig, aber auch die Bitterkeit, die sich in ihr wie ein wildes Tier gebärdete und sich nicht zähmen lassen wollte. Ihre Schwermut war fast so bedrückend wie der Schmerz in den Gliedern.

18 Jahre! »Ich bin beraubt worden!« Es war ihr bitter ernst. »Alles ist mir genommen worden – Glück und Erfüllung im Leben, ich habe keinen Mann und keine Kinder. Ich bin ganz normaler Dinge beraubt worden, die andere für selbstverständlich nehmen! Ich kann mich nicht frei bewegen und noch nicht einmal die Welt um mich herum sehen, bis auf den Boden unter den Füßen.«

Der Junge hatte von Jesus gesprochen. Auch sie hatte schon von ihm gehört. Es kursierten Geschichten in den Städten und Dörfern über Blinde, die sahen, Taube, die hörten, und Lahme, die gingen, alle von Jesus geheilt, einem Mann aus Nazareth. Vielleicht war es ja nicht ganz abwegig, daß er sie »so richtig gerade machte«, wie der kleine Kerl so treffend gesagt hatte. Ob Jesus ihren gebeugten Rücken oder ihre Seelenqual heilen würde, das wußte sie nicht – beides wäre ein Wunder gewesen –, aber zur Synagoge wollte sie nun auf jeden Fall gehen.

Mit einem Ruck zog sie sich von ihrem Sitz hoch, und, auf ihren Stock gestützt, verließ sie das Haus und machte sich auf den beschwerlichen Weg zur Synagoge. Es war gar nicht einmal weit, aber das Ganze kostete sie all ihre Kraft. Sie spürte die wärmende Sonne auf ihrem Rücken, aber sie konnte nicht aufschauen, als sie sich die staubige Straße entlang zur Synagoge hinschleppte. Leute eilten an ihr vorbei, manche riefen ihr einen Gruß zu. Sie erkannte sie an ihren Stimmen und ihren Füßen, ihre Gesichter kannte sie nicht.

Man hatte schon mit der Psalmlesung begonnen, als sie, für alle laut und deutlich vernehmbar, nach hinten schlurfte, dorthin, wo die Frauen hinter einem Sichtschirm saßen. Erleichtert ließ sie sich nieder und schloß die Augen. Es dauerte eine Weile, bis sie sich erholt hatte. Doch plötzlich nahm sie eine fremde Stimme wahr. Die Worte selbst waren ihr zwar vertraut, aber sie wurden so nachdrücklich und leidenschaftlich gesprochen, voller Frische und Bedeutsamkeit. Er sprach davon, daß das Krumme gerade werde und die Gefangenen freigesetzt. Kühn verkündete er, der Geist des Herrn habe ihn dazu gesalbt, diese Dinge zu tun.

Es herrschte atemlose Stille. Die Leute kannten die Schrift. Sie wußten, daß diese Passagen sich auf den Messias bezogen, auf den, der von Gott her kommen würde, um als Erlöser seines Volkes aufzutreten. Niemals zuvor hatte irgend jemand gewagt zu behaupten, diese Schriftstellen bezögen sich auf ihn! Und doch, alle mußten zugeben, daß er mit Vollmacht sprach. Er redete nicht in Andeutungen, was möglich sei oder wäre, sondern machte klare und unmißverständliche Aussagen.

»Heute ist diese Schrift vor euren Ohren erfüllt.« Diese Erklärung löste die unterschiedlichsten Reaktionen aus. Einige nickten, und ihre Augen begannen zu leuchten, als ihnen die Tragweite des Gesagten allmählich aufging. Andere murrten und runzelten die Stirn. Es wurde laut, als sich die zustimmenden Äußerungen mit Ausrufen der Empörung mischten.

Und dort hinein, in das allgemeine Stimmengewirr, war eine Stimme klar und deutlich zu vernehmen: »Frau!« Erschrocken fuhr sie zusammen, hatte sie doch für einen Augenblick gedacht, er habe sie gemeint. Aber sogleich kam auch ihr Einwand: »Unmöglich! Er kennt dich ja gar nicht. Warum sollte er ausgerechnet dich ansprechen, so verachtenswert, niedrig und verkrüppelt du bist? Und schließlich sind so viele andere Frauen hier.«

»Frau!« Das klang beharrlich, ja geradezu unwiderstehlich. Sie wußte es einfach: Auch wenn viele im Raum waren, so war sie doch gemeint. Sie spürte es ganz tief im Innern. Und sie mußte antworten, auch wenn es sie unsäglich viel kostete. Sie langte nach dem Stock am Boden, stemmte sich unter Aufbietung all ihrer Kraft hoch und machte sich auf den quälend langen und demütigenden Weg zu ihm hin. Schritt für Schritt bahnte sie sich ihren Weg durch die aufgebrachte Menschenmenge, die immer noch hitzig über das Für und Wider jenes Verkünders und seiner Predigt das Wort wechselte. Langsam, langsam tappte und schlurfte sie durch die Menge, und allmählich ebbte das Getöse ab, als sie den freien Raum in der Mitte erreichte, wo er stand. Dann wurde es ganz still.

Von dem Prediger konnte sie nur die Füße in den Sandalen sehen und den Saum seines Gewandes. Über sich hörte sie, wie er mit fester Stimme etwas sagte. Es war kein Gebet, kein Plädieren und nicht der Ausdruck einer Hoffnung, sondern eine Aussage, geradezu eine Klarstellung: »Frau, du bist gelöst!«

Da wurde etwas in ihrem Herzen aufgeschlossen. Er legte seine Hände auf ihren so armselig gekrümmten Rücken, dabei strömte Kraft wie warmes Wasser ihren Rücken hinunter. Sie begriff, daß sie sich fortan bewegen konnte! Sie erhob ihren Kopf und streckte ihre Schultern. Und während sie dies tat, lösten und entspannten sich die knotigen Muskeln und die verknöcherten Gelenke. Zum ersten Mal seit 18 Jahren stand sie wieder aufrecht in voller Größe. Jetzt sah sie nicht mehr auf seine Füße, sondern starrte in sein Gesicht. Und dieses Gesicht strahlte vor Freude über das, was da geschehen war.

Sie war geheilt! Sie war frei! Eine Kraft, stärker als ihre Krankheit, hatte sie eingenommen. In Anbetung erhob sie ihre Hände, während Tränen über ihr Gesicht rannen und sie Worte des Dankes stammelte, die ihr aus dem Herzen strömten.

Das Geschrei, das sich nun erhob, nahm sie kaum wahr. Aber in all die Ausrufe des Erstaunens hinein platzte die Stimme des Synagogenvorstehers. Eiskalt brachte er seine Mißbilligung zum Ausdruck: »Sechs Tage sind es, an denen man geheilt werden kann. Das ist Arbeit, die man nicht am Sabbat tun soll!« Ringsumher ließ sich zustimmendes Gemurmel vernehmen.

Jesus schaute sie an und erwiderte: »Heuchler! Bindet nicht jeder von euch am Sabbat seinen Ochsen oder Esel von der Krippe los und führt ihn hin und tränkt ihn? Diese aber, die eine Tochter Abrahams ist, die der Satan gebunden hat, siehe, 18 Jahre lang, sollte sie nicht von dieser Fessel gelöst werden am Tag des Sabbats?«

Dem Vorsteher und seinen Gesellen verschlug es die Sprache, aber die Menge jubelte. Schwatzend und lachend strömten die Menschen aus der Synagoge heraus und verbreiteten die Nachricht von diesem neuen Wunder.

Die Frau, die sich nun merkwürdig groß vorkam, ließ den Stock zurück und machte sich auf den Weg zur Tür. Sie genoß es, sich so unbeschwert und ohne Schmerzen fortzubewegen. Der kleine Nachbarjunge wartete auf sie. Er sah zu ihr auf und grinste. »Du bist ja jetzt viel größer als ich«, sagte er. »Aber das macht nichts«, fügte er noch mit einem gewinnenden Lächeln hinzu.

Die fröhliche Menge drängte sich um sie, und den ganzen Tag lang herrschten Freude und Lachen. Freunde und Nachbarn wollten wissen, was sich am Vormittag ereignet hatte, und so bettelten sie immer wieder, sie möge doch noch einmal erzählen. »Was war das für ein Gefühl, als er dich anrührte?« und »Was empfindest du jetzt?«

Geduldig erzählte sie es immer und immer wieder, aber im stillen war sie doch erleichtert, als der Abend kam und sich die Menge in die Häuser zerstreute. Sie fühlte sich abgespannt nach all der Aufregung, und sie brauchte nun die Stille, um überhaupt erst einmal richtig zu begreifen, was da geschehen war. Im stillen Kämmerlein wollte sie noch einmal alles durchleben – den Augenblick, als sie ihn rufen hörte, den beschwerlichen, aber bewußt angetretenen Weg nach vorn und dann das Vollmachtswort: »Du bist gelöst!«

Was aber war dann geschehen? Sie wußte, daß irgend etwas sie verlassen hatte, ein unsichtbares, bösartiges Etwas, das all die Jahre wie ein strangulierender Parasit bei ihr gewesen war. Als dann aber Jesus seine Hand auf sie gelegt hatte, hatte sie die Lösung als ganz körperliches Geschehen wahrgenommen.

Sie dachte über seine Worte nach. » . . . die eine Tochter Abrahams ist.« Ja, so hatte er sie genannt. Sie selbst wäre nie auf den Gedanken gekommen, sich so zu bezeichnen. Nach jüdischem Denken war schon das Frausein als solches minderwertig, aber auch noch eine schwache, verkrüppelte Frau zu sein, hieß, völlige Bedeutungslosigkeit zu erdulden. Wertlos war sie, ein nichtsnutziges Wesen. Aber Jesus hatte sie so gar nicht gesehen. Er hatte sie sogar für wert erachtet, ihr einen Namen zu geben – »Tochter Abrahams«. Er sah sie als ein Kind des Bundes und deshalb der Beachtung wert und berechtigt, die durch den Bund zugängliche Heilung in Empfang zu nehmen.

Sie genoß diese wiederentdeckte Identität und war außer sich vor Freude darüber, daß sie nun in der Lage wäre, erhobenen Hauptes, mit Würde bekleidet, ihres Weges zu gehen.

Zudem mußte sie zu der Erkenntnis gelangen, daß selbst Töchter Abrahams unterjocht werden konnten und daß Satan es war, der sie gebunden hatte. Er war verantwortlich für all die qualvollen Jahre in der Gefangenschaft. Er hatte seine dienstbaren Geister ausgeschickt und sie in ihrem verkrüppelten Körper gefangengesetzt. So mußte sie auch all die Gemeinheiten anderer Dämonen über sich ergehen lassen – Demütigung, Zurückweisung, Selbstverachtung, Frustration und Verbitterung. 18 Jahre lang hatten sie sie unerbittlich gequält. Sie war der Freude beraubt worden, sich einfach nur unbeschwert fortzubewegen, sich umzuschauen und am Familienleben teilzuhaben. Da war plötzlich Entrüstung und Aufbegehren in ihr: Wie hatte er es wagen können, eine Tochter Abrahams so zu versklaven!

Doch es gab damals auch Leute, die körperlich nicht verkrüppelt waren und voller Stolz meinten, zu den Söhnen Abrahams zu gehören. Denen sagte Jesus, auch sie seien Knechte. »Ihr werdet die Wahrheit erkennen, und die Wahrheit wird euch frei machen«, erklärte er.

»Wir sind aber Abrahams Nachkommenschaft«, erwiderten seine Gegner entrüstet. »Wir sind nie jemandes Sklaven gewesen. Weshalb sagst du: Ihr sollt frei werden?« Darauf erklärte Jesus ihnen, daß jeder, der eine Sünde begeht, deren Knecht sei und daß es für einen Knecht keine Freiheit gebe. Nur der Sohn des Hauses habe Autorität, die Sklaven freizugeben, und wenn »der Sohn euch frei machen wird, so werdet ihr wirklich frei sein«. Weiter sagte er ihnen: »Ich weiß, daß ihr vom Prinzip her Abrahams Nachkommen seid, aber mein Wort findet keinen Widerhall in euren Herzen. Seid wie Abraham, der Gottes Wort annahm und danach lebte. Wenn ihr mein Wort nicht hören und es nicht aufnehmen könnt, dann gehört ihr zum Satan. Ihr seid von ihm versklavt, von dem, der ein Lügner und Mörder ist.«

Auch heute noch sind viele Frauen an Satan gebunden. Sie sind in der Knechtschaft der Sünde, in Lügen verstrickt und ihrer Freiheit auf so mannigfaltige Weise beraubt. Einige sind sich ihrer Sehnsucht nach Freiheit bewußt, wissen aber nicht, wie sie entkommen können. Andere wissen noch gar nicht, daß sie gebunden sind, und sie sind sich deshalb gar nicht bewußt, daß sie Befreiung nötig haben. Wieder andere fühlen sich zwar unterjocht, führen diese Unterdrückung aber auf andere Ursachen zurück: Armut, das Beherrschtsein von Männern, ihre Lebensumstände, mangelnde Bildung oder politische Faktoren wie Gesetze, die die Gesellschaft prägen.

Zweifellos gibt es viele Irrwege, die der Korrektur bedürfen. Doch ist es ein hoffnungsloses Unterfangen, die Gesellschaft verändern zu wollen, wenn wir nicht die Wurzel von all diesen Problemen erkennen. Diese Wurzel ist die Knechtschaft der Sünde, und der Sklaventreiber dazu ist Satan persönlich.

Daß Hinfälligkeit, Verfall und Krankheit überhaupt zum menschlichen Körper gehören, verdanken wir auch dem Satan, obwohl nicht jede Krankheit unbedingt Folge dämonischer Aktivitäten ist. Satan ist dabei, Gottes Schöpfung seit den Ereignissen im Garten Eden zu verderben, zu zerstören und zu versklaven. Nachdem die Idee der Rebellion gegen Gott erst einmal aufgekommen war, hat sie jeden Teil unseres dreigestaltigen Wesens in Mitleidenschaft gezogen. Die Infektion tötete den menschlichen Geist, so daß es nicht mehr möglich war, auf Gott zu reagieren, geschweige denn, eine Beziehung zu ihm zu halten oder ihn zu erfreuen. Unser Sinnen und Trachten wurde auf das Leibliche ausgerichtet, auf das Fleisch, in Feindschaft zu Gott. So kam es, daß der Tod in unserem nun sterblichen Körper zu regieren begann.

Die Menschheit war unter einem Fluch, bis Jesus am Kreuz starb, den Fluch auf sich nahm und dessen Macht brach. Nun können auch wir es lernen, Autorität über den Feind und seine Dämonen auszuüben. Der Sohn hat uns nämlich frei gemacht. Wir sind als Söhne und Töchter angenommen und haben damit das Recht erlangt, die Vollmacht eines Sohnes auszuüben. Wir selbst können uns in Freiheit bewegen und können sie anderen bringen.

Viele Menschen brauchen noch die fundamentalste Befreiung – die Wiedergeburt. Aber andere, die bereits wiedergeboren sind, werden überrascht und verblüfft feststellen, daß, obwohl sie ja eigentlich Söhne und Töchter Abrahams sind, sie immer noch Probleme haben können. Ihr Geist ist natürlich frei, denn der ist ja von Grund auf erneuert worden. Es ist vielmehr im seelischen Bereich, der jetzt zurückgefordert und gereinigt wird, wo noch schlimme Dinge aufgedeckt werden.

Diese haben völlig unbehelligt in dem noch unerlösten Menschen geschlummert. Doch nun, da er erneuert worden ist, können sie nicht auf Dauer latent im Untergrund bleiben. Durch das Leben im Heiligen Geist werden unweigerlich unheilige Dinge aufgedeckt, und man muß sich ihrer annehmen. Diese »unheiligen Dinge« können Angewohnheiten, Denkweisen, verstecktes seelisches Leid, Ängste und ein falsches Gottesbild sein. Gottes Wort hat uns ganz klare Richtlinien an die Hand gegeben, wie wir in ihm geistlich wachsen können. Er hat uns Waffen übergeben, so daß wir in der Lage sind, erfolgreich den Kampf zu führen. Von ihm wissen wir, daß die Welt, das Fleisch und der Teufel unsere Feinde sind.

Wir überwinden die Welt, indem wir »auf das sinnen, was droben ist«, wo Christus sich befindet. Wir setzen also das Gebet, die Zucht und das Wort Gottes ein, um unsere Denkweise und unsere Sehnsüchte neu auszurichten.

Wir überwinden das Fleisch, indem wir im Geist wandeln, der Versuchung widerstehen und Jesus gehorchen.

Wir überwinden den Teufel und seine Dämonen, indem wir uns Gott unterordnen und dem Feind sagen, er müsse nun fliehen. Manchmal hat er noch bestimmte Angriffsflächen im Leben eines Christen. Lange Zeit hat er den Betreffenden gequält und ist nun nicht ohne weiteres bereit, Boden aufzugeben, den er sich einst erobert hatte. Und genau hier kommt die Gabe der Unterscheidung der Geister zum Tragen. Der Feind ist ein Meister der Verkleidung, und allzu leicht werden wir dahingehend in die Irre geleitet, daß wir schließlich glauben, die eigentliche Ursache unserer Probleme sei alles andere, nur eben nicht dämonisch.

Jesus hat zwar unsere Freiheit erkauft, aber wir bleiben doch oft dem alten Wesen verhaftet. Das geschieht, weil wir uns entweder dessen gar nicht bewußt sind, daß wir von Dämonen schikaniert werden, oder weil wir nicht bereit sind einzugestehen, daß auch Christen dämonischen Aktivitäten ausgesetzt sind.

Natürlich dürfen wir nicht für alle unsere Fehler und Mängel die Gegenwart von Dämonen ins Feld führen. Wir selbst sind nämlich vor Gott für unsere Sünden verantwortlich. Sie müssen bekannt, abgelegt und fortgewaschen werden. Doch wo sich ein Problembereich auftut, der für diese normalen Korrekturmaßnahmen nicht zugänglich ist, liegt der Verdacht nahe, daß es sich um dämonisches Wirken handelt. Das muß uns gar nicht peinlich sein! Vielmehr sollten wir dankbar dafür sein, daß eine Diagnose gestellt werden konnte. Jetzt ist nämlich Freiheit in Sicht! Wir haben Jesu Autorität!

1985 nahm ich an einem Kongreß in San Diego, Kalifornien, teil, auf dem John Wimber der Redner war. Ich wurde damals noch von Wutausbrüchen geplagt, die plötzlich auftraten und nicht nur mich, sondern auch andere durch ihre Heftigkeit erschreckten. Ich erinnere mich noch, daß ich als Teenager irgendwelche Gegenstände in meinem Zimmer umherwarf und dann vor Wut und Enttäuschung weinte. Einmal bekam ich eine meiner Schwestern zu fassen, und ich schüttelte sie so heftig, daß ich hinterher genauso erschrocken war wie sie. In mir war eine Wut, die mich derart aufbrachte, daß ich wußte, ich würde zu Unglaublichem imstande sein. Nur Gott weiß, daß seine Gnade mich davon abhielt, es auch auszuführen.

Nachdem ich im Geist getauft war, wußte ich, daß ich diesen Zwang unterdrücken und beherrschen konnte. Aber insgesamt blieb die Lage unberechenbar, denn urplötzlich konnte ich mich in einer tiefen depressiven Stimmung befinden. Ich entdeckte, daß auch noch ganz andere Gefühlsregungen mit diesen Verstimmungen einhergingen – Unduldsamkeit den Schwächen anderer gegenüber und der Drang, mich immer in den Vordergrund zu spielen, und zwar so sehr, daß ich selbst die dümmsten Dinge tat, um ja bemerkt zu werden. Ich wollte lieber ein Clown sein, als übersehen zu werden.

Wegen dieser verabscheuungswürdigen Charakterzüge hatte ich viele Male geweint und Gott gesucht, doch offensichtlich gelang es mir nicht, sie abzulegen, sie zu ignorieren oder von ihnen befreit zu werden.

An einem Abend jenes Kongresses wurde die Prophetie ausgesprochen, der Wind des Geistes wehe über den Versammelten. Dann kam ein Wort der Erkenntnis, daß der Herr Frauen heilen wolle, die an Verstimmungen vor ihrer monatlichen Regel litten. Ich selbst hatte eigentlich nie große Probleme damit gehabt, deshalb beobachtete ich neugierig, wie Frauen in Scharen nach vorn gingen. Und tatsächlich hatte man den Eindruck, als wehe ein Wind durch den Saal von einer Seite zur anderen. Da waren Frauen, die lachten, andere weinten, und wieder andere fielen zu Boden. Jede wurde auf irgendeine Weise berührt.

John Wimber bat alle anwesenden Ehemänner, sich ihren Frauen zuzuwenden und für sie zu beten. Auch Terry drehte sich zu mir und fing an zu beten. Keiner von uns wußte so recht, wofür wir beten sollten, und nach ein paar Minuten hielt er inne und fragte: »Soll ich weitermachen, oder wollen wir jetzt gehen?« Ich meinte, er solle vielleicht doch lieber mit dem Gebet fortfahren, denn ich wurde das Gefühl nicht los, daß noch irgend etwas geschehen würde. Ich wußte nicht warum, aber Terry legte seine Hand auf meinen Bauch und sagte: »O Gott, zerbrich, was zerbrochen werden muß.«

Plötzlich fühlte ich mich derart hinweggerissen von einer Welle aufgestauter Verkrampfungen und Enttäuschungen, daß ich nach Luft schnappte und zu weinen anfing. Ich fühlte mich wie ein kleines Mädchen, das im finstersten Ende eines Tunnels kauerte. Ganz deutlich hörte ich die Worte: »Es ist alles in Ordnung. Du bist nur ein kleines Mädchen. Weine nur, wenn dir danach ist.«

Jetzt nahm ich wahr, daß jemand meinen Namen rief. Und, aus den Tiefen des Unterbewußtseins aufsteigend, schaute ich in einige besorgte Gesichter, die mich anstarrten. »Was ist denn passiert?« fragte jemand. Ich beschrieb, was ich gesehen hatte. Und dann begriff ich: Alles hatte damit zu tun, daß ich die Erstgeborene von vier Geschwistern war. Ich mußte immer zusehen, daß ich etwas leistete, immer die erste war. Ich war diejenige, die voranging, und niemand durfte mich überholen. »Ja«, sagte einer der Seelsorger, »ich glaube, Sie müssen von den Qualen des Konkurrenzdenkens befreit werden.« Dann proklamierte er Sieg in Jesu Namen.

Ich wußte nicht recht, wie mir geschah, und ich war wie benommen, aber ich war nicht auf das vorbereitet, was nun geschah. Ein intensives Empfinden von Reue überkam mich für all die Verletzungen, die ich durch mein Verhalten anderen zugefügt haben mußte. Ich weinte Tränen der Buße, und als ich Jesu Vergebung empfing, wußte ich, daß ich nun rein und frei war.

Am nächsten Tag fühlte ich mich ganz sonderbar – irgendwie noch unfertig und verletzbar, aber auch durch die Ereignisse vom Vortag verunsichert. War das alles vielleicht nur eine Illusion? War ich etwa nur manipuliert worden? Doch ermutigt und bestärkt wurde ich dann, als ich in 1. Thessalonicher 5 las: »Sagt in allem Dank, denn dies ist der Wille Gottes in Christus Jesus für euch. Den Geist löscht nicht aus! Weissagungen verachtet nicht, prüft aber alles, das Gute haltet fest.«

Wenn es also von Gott war, so würde es der Prüfung stand-halten und Frucht bringen. In den Wochen danach empfand ich eine Leichtigkeit und Freude, so als wäre ich gerade erst gerettet worden. Ganz neu verliebte ich mich in Jesus, und ich kann mit Fug und Recht behaupten, daß es mir inzwischen völlig egal war, ob ich im Mittelpunkt stand oder nicht.

Die blinde, alles erstickende Wut ist nicht mehr da. Meine Lieben zu Hause wissen, daß es noch Zeiten gibt, in denen ich reizbar bin und leicht die Geduld verliere. Ich muß mich dann auf jene Früchte des Geistes besinnen, die da sind Sanftmut und Geduld. Jedoch jene treibende Kraft, die früher ganz plötzlich wie eine Schlange ihren Kopf erhob, ist für immer fort.

Ich glaube zwar nicht, daß ich dämonisch besessen war, doch, so wie ich es verstehe, bin ich seit meiner Kindheit von Helfers-helfern des Feindes schikaniert und gequält worden. Sie konnten mich zwar nicht besitzen, weil ich ja Jesus gehörte, doch lange Zeit konnten sie mit mir nach Belieben verfahren. Als sie dann aber mit der Vollmacht Jesu konfrontiert wurden, mußten sie gehen.

Nun bin ich eine Frau, die frei geworden ist!

4
Freiheit von Unglaube

Sara lehnte am Eingangspfosten ihres Zeltes und blickte gedankenverloren hinaus in die weite Einöde. Es dämmerte schon, und so sah alles grau und eintönig aus – ein Spiegelbild ihrer inneren Verfassung.

»Ich war mal schön«, dachte sie und seufzte, als sie an die verschlagenen Methoden dachte, derer sich Abraham zweimal bedient hatte, um zu verschleiern, daß sie seine Frau sei, damit nicht Eifersucht und Begierde seine Ermordung provozieren würden! Ja, sie war einmal eine beachtliche Schönheit. Und als sie Abrahams Frau wurde, damals in der Stadt Ur, in Chaldäa, da hatte sie ein Leben erwartet, das sich doch sehr unterschied von dem, was sie führte.

Aber sie hatte sich schließlich freiwillig Abrahams sonderbarer Sehnsucht nach einem Normadenleben untergeordnet. Sie hatte ihn so verstanden, daß er eine Stadt verlassen wolle, um eine andere zu suchen – eine, die Gott bauen würde. So hatte er jedenfalls gesagt. Ganz klar war ihr nie, was das zu bedeuten hatte. Nur eins hatte sie begriffen: Er hatte eine Verheißung von Gott empfangen. Und die besagte, daß er Vater einer Nation werden würde, so unzählbar groß wie der Sand am Strand des Meeres. Und das war der Punkt, wo sie ins Spiel kam. Wo es einen Vater gab, da mußte es auch eine Mutter geben!

»Aber ich war nicht nur hübsch«, dachte sie, »ich war auch voller Hoffnung. Ich sollte Mutter werden; und nicht etwa irgendeine Mutter, sondern eine von höchstem Rang – die Mutter einer Nation. Nur – es ist leider nie dazu gekommen.«

Tagträumend stand sie da am Eingang ihres Zeltes, und allmählich umfing sie die Dämmerung. Sie dachte an die hohen Erwartungen, mit denen Abraham und sie ihr neues Leben angegangen waren. Sie wußten damals nicht, wohin es gehen würde. Aber Gott hatte gerufen, und sie hatten gehorcht. Doch die Härten des Wüstenlebens ließen nicht lange auf sich warten, und die Romantik war schnell dahin. An die erste Stelle trat die ständige Suche nach Weideland und Wasser. Und wohin immer sie zogen, da zogen die unaufhaltsam anwachsenden Schaf- und Rinderherden mit, die im Handumdrehen schon wieder das letzte Grashälmchen vertilgt hatten. Sie waren deshalb unablässig umhergezogen. Und das ermüdete. Sarah fing an, sich nach einem seßhaften Leben zu sehnen. Zuwider war ihr, was die Schafhaltung an Mühen kostete, das unaufhörliche Blöken der Schafe und ihre Ausdünstungen. Aber auch die tägliche Speisekarte veränderte sich nie – tagein, tagaus Brot und Hammelfleisch.

Dann gab es noch die Streitereien zwischen Abrahams Schäfern und denen von Lot, seinem Neffen. Auch Lot besaß Herden von beträchtlicher Größe, und das Land konnte bald nicht mehr genug für beide Sippen hergeben, wenn sie weiterhin zusammen umherziehen würden. Schließlich trennte man sich.

Nachdem Lot fortgezogen war, gestaltete sich das Leben etwas friedlicher, aber es war immer noch ereignisreich genug. Lot mußte befreit werden, als er von der Koalition von fünf Königen gefangengenommen worden war. Dann kam es zur Begegnung mit Melchisedek, dem König von Salem. Doch das Ereignis, das sie so sehnsüchtig erwarteten, schien auszubleiben – die Geburt ihres Sohnes.

Erschöpft ließ sich Sara auf einem Hocker nieder, und sie dachte an ihre Niedergeschlagenheit nach zehn Jahren der Wüstenwanderung in Kanaan, ohne daß ein Kind geboren worden war. Abraham hatte sie zwar immer wieder an Gottes Verheißung erinnert, aber das fruchtete nicht mehr. Ihre Hoffnung war immer schwächer geworden, bis schließlich nichts mehr davon übrig war. Sie glaubte einfach nicht mehr an die Verheißung.

Zu jener Zeit war Hagar in ihren Dienst getreten. Sie war jung, und ihre gebräunte Haut war sanft und faltenfrei. Sie hatte langes, schimmerndes Haar, ohne den Anflug von Grau wie bei Sara. Und der Blick aus ihren dunklen Augen war so anziehend. Man konnte nicht umhin, sie für fruchtbar zu halten.

Sara dachte darüber nach, wie es damals war. Ihr Leib war gealtert, gezeichnet vom Staub der Wüstenwinde. Sie fühlte sich alt, und sie wußte, daß sie es auch war, zu alt jedenfalls, um noch schwanger zu werden. Ihre monatliche Periode, die immer unregelmäßig und unsicher gewesen war, hatte ganz aufgehört. Und doch, Abraham wollte und brauchte noch immer einen Sohn. Es mußte ein Ausweg gefunden werden. Hagar sollte die Antwort sein.

Doch das war der größte Fehler, den Abraham und sie jemals begangen hatten. Noch jetzt zuckte Sara zusammen, wenn sie an den spöttisch-triumphierenden Blick der inzwischen schwanger gewordenen Hagar dachte. Mit welcher Selbstverständlichkeit sie doch empfangen hatte! »Schau mich an«, schien sie sagen zu wollen, während sie sich über den vorgewölbten Bauch strich. »Ich bin ganz normal. Ich bin fruchtbar. Ich habe fertiggebracht, was du nicht zuwegebringst. Jetzt bin ich doch jemand.«

Eifersucht, Wut und Selbstmitleid hatten sich Saras bemächtigt. Sie stritten sich oft heftig, und schließlich ließ sie Hagar die Sachen packen. Hagar floh in die Wüste, ging dort vor Durst fast zugrunde und kehrte dann, nach dieser Höllenqual geläutert, zurück. Schließlich wurde das Kind geboren und Ismael genannt.

Das war nun 13 Jahre her. Sara mühte sich, wieder auf die Füße zu kommen. Sie schaute hinaus in die Weite, wo es inzwischen dunkel geworden war, und hinauf zu den Sternen. Dann drehte sie sich um und ging ins Zelt hinein. Es war ein langer und bedeutender Tag gewesen. Abraham und sein Sohn Ismael waren beschnitten worden. An ihrem Leib hatten sie das Zeichen für Gottes Bund empfangen.

Aber was war das für ein Bund? Abraham hatte ihr erzählt, Gott habe ihm erneut zu verstehen gegeben, daß er ihn und seine Nachfahren segnen wolle. »Möchte doch Ismael vor dir leben«, hatte Abraham ausgerufen. Aber Gott hatte geantwortet: »Ich werde ihn segnen. Aber er ist nicht dein Erbe. Sara wird einen Sohn haben.«

Das war alles zuviel. Sara wünschte sich, dieses grausame Spiel sei zu Ende. Sie war alt, müde, nutzlos und hatte Schmerzen von Kopf bis Fuß. So ging sie zu Bett.

Ein paar Tage später war es Abraham, der am Eingang seines Zeltes saß und in der Mittagshitze ein wenig döste. Ein flirrender Dunstschleier hatte sich aufs Land gelegt, und es herrschte eine reglose Stille.

Da riß ihn etwas aus seinen Tagträumen. Er sah auf und war überrascht, drei Männer ein paar Schritte entfernt stehen zu sehen. *Ich habe sie gar nicht kommen hören,* dachte er. *Ich muß wohl doch eingenickt sein. Woher sind sie nur gekommen?* Er raffte sich auf und eilte ihnen entgegen, um sie zu begrüßen. Die Wüste war eine unwirtliche Gegend. Alle, die darin lebten oder sie bereisten, wußten, wie rauh und gefährlich sie sein konnte. So gab es unter diesen Menschen ein ungeschriebenes Gesetz, daß jedem, der an einem Zelt vorbeizog, Unterkunft und ein erfrischendes Mahl zu gewähren sei.

Abraham lud die Fremden also ein, ihre Reise zu unterbrechen und sich Zeit zum Ausruhen und Essen zu nehmen. Er hatte gerade sein Lager in der Oase, die Mamre hieß, aufgeschlagen, wo ein kleiner Hain von Terebinthen einen so erquickenden Schatten vor der sengenden Sonne bot. Er ließ seine Gäste unter einem Baum Platz nehmen und ging dann, um Sara und seinen Bediensteten die Vorbereitung eines Essens aufzutragen.

Als er zu seiner Herde ging, um ein Kalb auszuwählen, dachte er über das unvermittelte Erscheinen dieser drei Männer nach. In der Wüste wußte man gewöhnlich schon von der Ankunft eines Reisenden, noch bevor man ihn tatsächlich zu Gesicht bekam. Selbst die kleinste Staubwolke war bereits meilenweit zu sehen. Doch diese drei waren da, ohne daß Hufschlag oder eine Staubwolke sie angekündigt hätten. Offensichtlich besaßen sie auch keine Kamele oder Pferde. Sie waren ganz einfach aus dem Nichts aufgetaucht.

Nun ging man daran, das Kalb zu schlachten, zu würzen und zu braten; und das Brot wurde geknetet und gebacken. Dann trug man das Essen zu den Fremden, dorthin, wo sie im Schatten der Terebinthe saßen. Während man es sich schmecken ließ, wurde wenig geredet. Doch dann sah einer von ihnen auf zu ihrem

Gastgeber, lächelte und fragte, während er sich die Finger abwischte: »Wo ist deine Frau Sara?«

»Dort im Zelt«, erwiderte Abraham. Und dabei dachte er, sie wollten ihr Komplimente machen für das saftige Fleisch, den aromatischen Käse und das frische, knusprige Brot. Das war Saras Spezialität. Sie kannte tausend und ein Rezept, wie man Lamm und Kalb immer wieder anders auftragen konnte. Er machte schon Anstalten, sie zu holen, als er von dem Mann zurückgehalten wurde, der wieder das Wort ergriff. Später konnte er sich beim besten Willen nicht mehr daran erinnern, wer von ihnen gesprochen hatte. Einerseits unterschieden sie sich zwar, aber dann waren sie auch wieder so ähnlich. Sie schienen alle derselbe zu sein, und doch waren sie drei eigenständige Personen. Hatte er diese Stimme nicht doch schon zuvor gehört?

Aber es spielte wohl auch keine Rolle, wer sprach, denn sie waren sich offensichtlich völlig einig. »Wahrlich, über's Jahr komme ich wieder zu dir, siehe, dann hat Sara, deine Frau, einen Sohn.«

Das war nun beileibe nicht das erste Mal, daß er eine ähnliche Verheißung gehört hatte, doch niemals zuvor war dem auch eine Zeitangabe gefolgt. Hinter sich hörte er ein Prusten und Kichern, und da wußte er, daß auch Sara, hinter dem Zelteingang versteckt, alles mitgehört hatte.

Sara hatte tatsächlich alles gehört. Von dort aus, wo sie stand, im Schatten des Zeltes, konnte sie ihren Mann sehen: gebeugt, grau und bärtig. Da schien der Gedanke, diese gealterte Gestalt könnte noch einmal Vater werden, doch allzu grotesk. Die Hand, die zum Mund hochschnellte, um das Glucksen ihres Gelächters zurückzuhalten, war runzelig, und durch die dünne Haut traten die Adern hervor. Das sah sie und dachte verzweifelt: »So schrecklich sehe ich schon aus. Wir sind doch zwei alte verhutzelte Leutchen. Du liebe Zeit, ich kann schon lange keine Kinder mehr kriegen, und auch Abraham ist sicher kaum mehr dazu zu bewegen. Nur schon der Versuch wäre eine Komödie!«

Während sie versuchte, ihr Lachen zu unterdrücken, das ihr Ansehen bedrohte, hatte es Abraham die Sprache verschlagen. Angestrengt dachte er darüber nach, was die Aussage dieses Fremden in ganzer Konsequenz bedeuten würde. Wieso wußten

45

sie etwas von Sara? Wie konnten sie so sicher sein, daß sie ein Kind bekommen würde? Nur Gott konnte das wissen. Wer waren die drei bloß?

So unüberhörbar deutlich sprach der Fremde weiter, daß auch Sara, die sich vor Lachen bog und ihr Gesicht mit den Händen bedeckt hielt, es hörte. »Warum hat Sara denn gelacht und gesagt: ›Sollte ich wirklich noch gebären, da ich doch alt bin?‹ Sollte für den Herrn eine Sache zu wunderbar sein?«

Plötzlich war Sara gar nicht mehr zum Lachen zumute. So unvermittelt ihre Heiterkeit auch ausgebrochen war, so schnell legte sie sich wieder, und Beklommenheit überkam sie statt dessen. Ohne groß nachzudenken, trat sie einen Schritt vor, hinaus in die Sonne, und sagte mit belegter Stimme: »Ich habe nicht gelacht.« Mit sanfter Stimme wurde ihr entgegengehalten: »Du hast aber doch gelacht.« Am ganzen Leib zitternd, zog sie sich ins Zelt zurück. Als sie etwas später noch einmal hinausschaute, waren die Männer dann verschwunden.

In den nächsten drei Monaten schien sich nicht viel zu ereignen, aber der Vorfall ging Sara nicht aus dem Sinn, und Abraham erging es genauso. Zu Anfang schauten sie sich immer nur hilflos an. Sie waren doch zwei alte Leute, die sich zwar immer noch innigst liebten, für die die körperliche Vereinigung aber der Vergangenheit angehörte.

Abraham war inzwischen fast hundert Jahre alt. Er dachte an seinen Körper. Welche Voraussetzungen brauchte es denn, um noch Vater zu werden? Und das mußte er sich eingestehen, in dieser Beziehung war er so gut wie tot (Röm. 4,19-20). Es war völlig unmöglich, daß er noch einmal einen Sohn zeugen würde, geschweige denn, daß Sara Mutter werden könnte! Zunächst einmal sah er allein den Tatsachen ins Auge; dann aber stellte er sich auch der Verheißung Gottes. Ihm war klar, daß er sich entscheiden mußte. Er konnte entweder glauben, worauf die körperlichen Gegebenheiten hindeuteten, daß es nämlich unmöglich war, noch ein Kind zu bekommen, oder er konnte auf Gottes Verheißung vertrauen. In der Schrift heißt es: »Und (Abraham) zweifelte nicht durch Unglauben an der Verheißung Gottes, sondern wurde gestärkt im Glauben, weil er Gott die Ehre gab« (Vers 20).

Dreizehn Jahre waren ins Land gegangen, seit Ismael geboren worden war. Aber nun hatte Gott gesprochen, und Abraham vertraute ihm. Je länger er über Gottes Charakter und über seine Verheißungen nachdachte, desto fester wurde sein Glaube, der immer wieder bestärkt wurde durch seine Anbetungshaltung.

Bei Sara dauerte es länger. Sie mußte von völligem Unglauben befreit werden. Jede Hoffnung war schon lange in ihr erstorben, und an deren Stelle war ein Gefühl der Schalheit getreten. Alle Illusionen waren dahin, und Resignation hatte sich eingestellt. Abgefunden hatte sie sich mit dem, was war. Die Tatsache, daß sie keine Kinder hatte, gehörte eben zu den Geheimnissen des Lebens. Der Schmerz darüber war schon längst nicht mehr so akut, und sie hatte sich schon so an die sich immer wieder dumpf regende Enttäuschung gewöhnt, daß sie nur noch selten Notiz davon nahm.

Aber dieser Besuch hatte nun alles wieder aufgewühlt. Sie war ganz durcheinander, wollte nicht mehr darüber nachdenken und konnte es doch nicht vergessen. »Das Ganze ist absurd«, sagte sie immer wieder im Brustton der Überzeugung. »Zu spät, es ist zu spät jetzt. Schau dich doch an, das Leben ist an dir vorübergegangen. Du bist weit über das Alter hinaus, in dem du noch Kinder kriegen kannst. Es ist einfach unmöglich!«

Eines Morgens knetete sie wieder einmal den Brotteig. Und all ihren Unmut ließ sie an ihm aus, indem sie ihn klopfte und knetete, während sie erneut versuchte, diese lästigen Gedanken loszuwerden. »Unmöglich! Unmöglich!« Und mit jedem Wort knetete sie heftiger den Teig. Sie stellte ihn schließlich an einen warmen Ort, daß er aufgehen sollte, setzte sich für eine kleine Ruhepause hin und schloß die Augen. Aber bald schlich sich wieder in ihre Gedankenwelt jenes Bild von den drei Fremden. Sie sah sie vor sich und hörte sie wieder sagen: »Sollte für den Herrn eine Sache zu wunderbar sein?«

Ganz allmählich, über mehrere Wochen, begann sich Saras Blickrichtung zu ändern. Sie stellte fest, daß sie nun weit weniger über sich selbst und ihre Defizite nachdachte, dafür aber um so mehr über Gott und seine unbegrenzten Möglichkeiten. Sie mußte so manche Blockade durchbrechen, die sich dem Glauben in den Weg stellte. Eine davon war ihr Gefühl, ein Versager zu sein. Sie hatte sich so sehr daran gewöhnt, daß sie sich überhaupt nicht mehr vorstellten konnte, ausgerechnet sie würde doch noch etwas zuwege bringen. Doch während sie noch das Wort Gottes, für ihn sei nichts unmöglich, in ihrem Herzen bewegte, löste sich all ihr Versagen in Nichts auf. Gott konnte doch alles tun! Er war kein Versager, sondern einer, dem alles gelang. Die Tatsache, daß sie bisher kein Kind empfangen konnte, war nun ohne jede Bedeutung, denn mit Gott wurde es jetzt doch noch möglich.

Aber da war noch etwas: Ihre Eifersucht und ihr Zorn auf Hagar. Sara empfand jetzt, daß sie sich damals völlig falsch verhalten hatte. Warum sollte also Gott noch etwas für sie tun? Ihre Schuld war wie ein Berg, der ihr jede Sicht raubte, bis Gottes Wort an sie erging, um sie aus dieser mißlichen Lage zu befreien. Er hatte zwar kein Wort darüber verloren, wie wertvoll sie doch sei, dafür aber schlicht und einfach angekündigt, sie werde einen Sohn haben. Trotz all ihrer Schwächen, war sie von ihm auserwählt worden, weil es sich in seine Pläne einfügte. Und dabei machte ihre Unvollkommenheit das Gnadenwerk nur noch großartiger.

Eines Nachts lag sie da und schaute hinauf zu den Sternen, die so ehrfurchtgebietend millionenfach blinkten und blitzten. Da dachte sie wieder an jene Verheißung Gottes an ihren Mann, daß seine Nachfahren so zahlreich sein würden wie diese Sterne. Vor der Zeit gab es sie noch nicht. Doch dann sprach Gott ein Wort, und sie waren da. Sara begann zu begreifen, und sie fragte sich, ob es denn undenkbar sei, daß Gott aus einem verschlossenen Schoß das Leben zahlloser Generationen hervorbringen könne, wenn er doch durch ein Wort jene Sterne ins Sein gerufen hatte? Ihr stockte der Atem bei diesem Gedanken.

Abraham hatte bereits jenem Gott geglaubt, der das Nichtseiende ruft, wie wenn es da wäre (Röm. 4,17). Jetzt war es an ihr, zu handeln. Es war so unbegreiflich, daß Gott nur zu reden brauchte, und schon war etwas entstanden. Aber noch atemberaubender war der Gedanke, daß das einzige, was die Verwirklichung hindern konnte, ihre Verweigerung war. Sie mußte den Sprung ins kalte Wasser wagen und Gott für das Unmögliche glauben.

Gott war doch groß, größer als ihr Versagen, ihr verschlossener Schoß, ihre Eifersucht und Schwäche. Er war der Schöpfer der Sterne und der ganzen Welt. Er war der Lebensspender! Sie frohlockte beim Gedanken an seine Größe. Wie absurd es doch war, zu glauben, etwas sei unmöglich, obwohl er sein Wort gegeben hatte! Hoffnung keimte in ihr auf, und sie lachte vor Freude. Das war nun nicht mehr jenes zynische Gelächter einer mißtrauischen Person, sondern der Freudenausbruch einer Frau, der durch die Kunde eines Gotteswortes vom Unglauben zum Glauben befreit worden war.

Sie ging ins Zelt. Abraham wartete schon auf sie. Er sah seine geliebte Frau an und wußte, daß etwas Entscheidendes in ihr vorgegangen war, und er führte sie zu ihrem gemeinsamen Lager.

Es erreichte sie die Kunde von der Zerstörung Sodoms. Wie war es Lot dabei ergangen? Abraham und Sara machten sich große Sorgen. Endlich kam ein Bote, der noch außer Atem berichtete, Lot und seine Töchter seien in letzter Minute entkommen. Nur seine Frau habe gezögert und sei vom Unglück eingeholt worden.

Sara versagten die Beine, und ihr wurde übel. Am ganzen Leib zitternd, setzte sie sich irgendwo nieder. War es nur die schlimme Nachricht, die ihr so zusetzte? Offenbar nicht, denn am nächsten Morgen beim Erwachen fühlte sie sich wieder unwohl. Sie war schwanger.

Ein Jahr nach dem Besuch der drei Fremden wurde Isaak geboren. Die Mutter mit ihren 92 Jahren schaute auf zu einem Hundertjährigen, der Vater geworden war, und lächelte. »Gott hat mir ein Lachen bereitet«, sagte sie. »Jeder, der es hört, wird mir zulachen« (1. Mo 21,6).

5

Freiheit vom Enttäuschtsein

Tränen des Zorns rannen ihr über die Wangen und tropften in den Fleischsud, den sie mit einem Holzlöffel rührte. Hastig wischte sie sie mit dem Handrücken fort und unterdrückte ihr Schluchzen, das sich ihrer zu bemächtigen drohte. Mit eiserner Selbstbeherrschung gestattete sie es sich nicht, ihre tiefe Niedergeschlagenheit nach außen dringen zu lassen. Das war im Augenblick nicht der rechte Zeitpunkt für so etwas! Doch ihre Entschlossenheit geriet ins Wanken, als ihr Blick auf all die fettigen Töpfe, auf den ungewischten Fußboden und auf den immer noch nicht gedeckten Tisch fiel. Es war ja noch so schrecklich viel zu tun!

Sie wischte sich die Hände an ihrer Schürze ab und eilte hinüber zum Bord an der Wand, um ein paar saubere Teller zu holen. Auf dem Weg dorthin mußte sie an der offenen Tür vorbei, durch die sie hörte, wie leise gesprochen wurde. Ihr Blick fiel auf ihre Schwester Maria, die auf einem Höckerchen saß, das Kinn auf ihre Hände gestützt, und aufmerksam der Unterhaltung lauschte.

Martha kniff mehrmals die Augen zusammen, um die Tränen zurückzuhalten, und beeilte sich, den Lammbraten zu begießen. In Gedanken ging sie noch einmal alles durch, was zu tun blieb, bevor das Essen aufgetragen werden konnte: Die Sitzordnung mußte überlegt werden, das Brot auf die Teller gelegt, der Nachtisch vorbereitet, das Obst gewaschen . . . die Getränke! Die hätte sie ja fast vergessen. Mußten nun zu allem Unglück auch noch alle Gemüsesorten gleichzeitig zum Kochen kommen?

In heller Aufregung griff sie nach einem Tuch und versuchte, das übergekochte Wasser um einen heiß dampfenden Topf aufzuwischen. Aber bei all der Hektik warf sie auch noch eine Schale voll sorgfältig gehackter Kräuter um, die den Braten garnieren sollten. Die Blättchen rieselten zu Boden und fielen unter den Kehricht, der noch nicht weggewischt worden war. Ihre Vorstellung, die sie zuvor von einem ordentlich zubereiteten und schön angerichteten Mahl hatte, löste sich in Luft auf. Was hatte sie da nur zusammengekocht!

Den ganzen Tag lang hatte sie fleißig gekocht und gebacken, gemischt und gerührt. Sie wollte doch unbedingt Jesus und den Jüngern ein würdiges Mahl vorsetzen. So schön hatte sie sich alles vorgestellt. Das war ihr Ansporn. Sie wollte ihren Gästen ein Essen vorsetzen, das leckerer sein sollte als alles, was sie je zuvor gegessen hatten. Und schließlich sollte es so richtig gemütlich werden. Dann würde sie die Komplimente mit Würde entgegennehmen und sich demütig in die Küche zurückziehen, wissend, daß ihr Ruf als brillante Gastgeberin und famose Köchin alsbald in aller Munde wäre.

»Ich mache das alles doch nur für ihn«, sagte sie sich. »Und nun das!« Die Küche war ein einziges Chaos: das Gemüse zu weichgekocht, das Lamm halb roh, der Tisch nicht gedeckt und die kleinen Extras am Boden verstreut. Das war zuviel. Niemand konnte erwarten, daß sie das alles allein schaffte. Hatte denn niemand mitbekommen, daß sie Hilfe brauchte? Darum bitten, das kam natürlich nicht in Frage. Aber sie hätten es ja wenigstens bemerken können!

Marias wohlklingendes Lachen drang zu Martha herüber, und das brachte das Faß zum Überlaufen. Es war alles Marias Schuld. Warum konnte sie ihr nicht zur Hand gehen, statt den ganzen Tag faul herumzusitzen und sich vor den Gästen so ins rechte Licht zu setzen? Martha ging also zur Tür und stemmte die Hände in die Hüften. »Herr!« explodierte sie. »Denkst du gar nicht daran, daß ich die ganze Arbeit mache? Warum sagst du nicht zu Maria, daß sie mir mal zur Hand gehen soll?«

Aufgeschreckt schauten nun alle Gäste zu ihr hin und dann auf Jesus, der an einem Ende des Raumes saß. Jeder erwartete nun, daß er Maria in die Küche schicken würde, wo sie schließlich hingehörte.

Jesus sah in Marthas rotglühendes Gesicht, und er nahm ihre Enttäuschung und ihren Groll im Herzen wahr. Er sah, was unter der Oberfläche war: die ganze Anspannung durch den Schmerz des Unerfülltseins, die Sehnsucht nach Anerkennung und Wertschätzung, den Versuch, sein Wohlwollen durch übertriebene Dienstbarkeit zu erkaufen. Er durchschaute, daß die umfangreichen Vorbereitungen – nach außen hin zwar für ihn getan – in Wirklichkeit doch Ausdruck ihres Bemühens waren, Bestätigung zu bekommen und jemand darzustellen. Und nun war auch noch alles danebengegangen. Arme Martha!

Er wollte, daß sie eine Entdeckung macht. »Wenn ich im Mittelpunkt bei dir stehe, dann brauchst du dich nicht um Erfüllung zu mühen. Du wirst sie auch so bei mir finden.« Das sagte er allerdings nicht laut. Er streckte seine Hand aus und lächelte Martha an. Nachdem er sie zu sich gezogen hatte, sprach er leise mit ihr, so daß nur die am nächsten Sitzenden seine Worte verstehen konnten: »Martha, Martha! Du bist besorgt und beunruhigt um viele Dinge; eins aber ist nur notwendig. Maria aber hat das gute Teil erwählt, das nicht von ihr genommen werden wird.«

Diese radikale Wendung hatte Martha nicht erwartet. Er eröffnete ihr einen ganz neuen Blickwinkel. Ihre Panik hatte ihn keineswegs zu sofortigem Handeln bewegt. So schickte er auch nicht eine gedemütigte und schuldbeladene Maria fort. Auch bot er keine Lösung für die aktuelle zugespitzte Lage an. Vielmehr zwang er sie, ihre ganze Lebensweise neu zu überdenken.

Er schaute ihr eine Weile in die Augen. Sie rang sich ein müdes Lächeln ab und murmelte etwas vom Essen, das sich etwas verzögern würde. Das schien allerdings nicht mehr so wichtig zu sein, wo er sie doch so freundlich und verständnisvoll anschaute.

Dann wandte er seinen Blick ab von ihr und fuhr mit seiner Unterweisung fort, während sie sich, in Gedanken vertieft, in die Küche zurückzog. Die Anspannung war verflogen, und dabei hatte sie nicht das Gefühl, abgekanzelt worden zu sein. Während sie aussortierte, was von all dem Durcheinander noch zu gebrauchen war, und das Essen fertig bereitete, setzte sie sich mit ganz neuen Gedanken auseinander. Dinge, die sie bisher vollkommen vereinnahmt hatten, schienen ihr plötzlich geradezu belanglos zu sein. Waren sie nicht völlig unbedeutend? Das vielleicht nicht, aber zumindest zweitrangig, nicht mehr wert, die erste Stelle einzunehmen.

»Eins ist notwendig«, hatte er gesagt. Was war aber das Eine, das notwendig sein sollte? Es mußte ja etwas Wertvolles sein, wenn es all die vielen Dinge ersetzen sollte, die ihr Leben ausfüllten oder ihr angst machten. Maria habe das gute Teil gewählt. Martha war ratlos. Was hatte Maria sich denn ausgesucht? Was tat Maria, was sie, Martha, nicht tat? Ging es vielleicht nur darum, zu Jesu Füßen zu sitzen und ihm zuzuhören?

Hatte er das gemeint? War das der goldene Schlüssel? *Aber,* dachte Martha unwillig, *wenn wir alle immer nur den ganzen Tag herumsitzen, dann würde nichts in Gang kommen. Jemand muß doch die Arbeit machen!* Sie holte den Wasserkrug. Doch plötzlich hielt sie inne, als ihr ein weiterer Gedanke kam. Er hatte doch gesagt, *eins* sei notwendig. Wenn sie nun die Arbeit ruhen lassen und ihm zuhören würde, vielleicht fände sie dann heraus, worum es ging. Sie setzte ihren Weg bis zum Tisch fort und stellte den Wasserkrug darauf. Und wieder hielt sie inne, richtete sich gerade auf und schaute in der Küche umher, in der all ihre Arbeit steckte.

Hatte er sagen wollen, all dies sei unnützes Zeug? Der Gedanke verletzte sie. Will er am Ende gar nicht, daß ich ihm diene? Weist er meine Mühe zurück, ihm eine Freude zu machen?

Und die Stimme in ihr fragte beharrlich weiter: *Woher weißt du denn überhaupt, was ihm Freude macht? Du warst ihm ja nie nahe genug, um dies herauszufinden. Du bist einfach davon ausgegangen, daß das, was dir Freude macht, auch ihm recht ist.*

Es erfordert immer Mut, vor sich selbst ehrlich zu sein. Martha atmete tief durch. *Ich habe ihn ja tatsächlich nicht gefragt!* gab sie vor sich selbst zu. *Wenn ich ihn gefragt hätte, wer weiß, was für einen ganz unerwarteten Wunsch er geäußert hätte. Und davor hatte ich vielleicht sogar Angst, daß er mit einem schlichten, schon zuvor bereiteten Mahl zufrieden gewesen wäre, während ja das ehrgeizige Unternehmen, ein Fest zu veranstalten, in Wirklichkeit nur dazu gedient hat, mein Ego aufzuwerten.*

Martha hatte sich über Maria in der Erwartung beschwert, Jesus werde sie schon wegen ihrer Faulheit schelten. Um so verblüffter war sie dann, als er Maria auch noch beistand und dafür ihr eigenes Verhalten näher beleuchtete. Er demoralisierte Martha aber nicht, indem er ihr vorhielt, all ihre Mühe sei umsonst gewesen. Und er gebot ihr auch nicht, ihre häuslichen Pflichten zu vernachlässigen. Genausowenig behauptete er, Maria sei geistlich und sie sei es nicht. Er würdigte ihre Aktivitäten keineswegs herab. Dafür ließ er sie schlicht und einfach wissen, daß vieles sie besorgt mache, zu vieles, und daß nur weniges davon unumgänglich sei. Sie hätte sich also gar nicht erst verzetteln sollen und damit viel Zeit und Energie sparen können. Hätte sie nämlich das »Eine« richtig eingeordnet, so wäre dem Rest automatisch der richtige Stellenwert zugekommen. »Martha, setze neue Prioritäten! Maria hat sie schon in rechter Ordnung.«

Was ist nun das »Eine«, das Maria so wertschätzte, das »Eine«, das Jesus gebot, das »Eine«, das er allein für nötig erachtete? König David wußte es: »Eins habe ich vom Herrn erbeten, danach trachte ich: zu wohnen im Haus des Herrn alle Tages meines Lebens, um anzuschauen die Freundlichkeit des Herrn und nachzudenken in seinem Tempel« (Ps. 27,4).

Doch wann hat er dies aufgeschrieben? War es zu einer Zeit, da er, als König fest im Sattel, alle Probleme hinter sich gelassen hatte und ihm nichts weiter zu tun übrigblieb, als täglich im Tempel zu sitzen? Nein! In den Versen davor ist von Übeltätern die Rede, die sein Fleisch fressen, von Heeren, die sich gegen ihn lagern, und von Krieg, der sich gegen ihn erhebt. »Trotzdem bin ich vertrauensvoll«, versichert er. »Und nun wird mein Haupt sich erheben über meine Feinde rings um mich her. Opfer voller Jubel will ich opfern in seinem Zelt« (Vers 6). Haben wir es hier etwa mit einem Prahlhans zu tun, mit der Macht des positiven Denkens oder dem Aufschneiden eines Supermanns?

Auch hier heißt die Antwort wieder: Nein! Er hatte aber ein Geheimnis: Das war die Lebensgemeinschaft mit Gott. Und diese Lebensgemeinschaft aufrechtzuerhalten, war eben jenes »Eine«, das er vor allem anderen wertschätzte.

Gemeinschaft ist nichts Statisches, auf ruhige Zeiten Beschränktes. Sie ist, was die Bibel den »Wandel« mit Gott nennt. Dabei geht es nicht um Gesetzestreue, um Pflichtgebete oder religiöses Ritual. Vielmehr zählt der die Gemeinschaft Suchende auf die beständige Gegenwart Gottes, indem er sie hegt und pflegt und seine Freude daran hat. Gott erschuf Adam und Eva, um mit ihnen gehen und mit ihnen reden zu können; und das ist Gemeinschaft.

Ich erinnere mich noch gut an einen Zeitabschnitt in meinem Leben, als ich angespannt war bis zur Erschöpfung. Wir wohnten damals in einem großen, dreistöckigen Haus, das viel Kraft brauchte, um in Ordnung gehalten zu werden. Wir hatten vier kleine Kinder, von denen eins noch ein 18 Monate alter Säugling war. Die anderen Kinder waren noch zu klein, um allein in die Schule gehen zu können. So mußte ich mich Morgen für Morgen beeilen, das Frühstück zu machen, mußte aufpassen, daß sie sich richtig anzogen und mußte sie obendrein noch zur Schule bringen. Auf dem Heimweg hatte ich dann noch das Kleine im Wagen. Nachmittags mußte ich mich wieder aufmachen, die Kinder abzuholen, und das bedeutete, den ganzen Weg erneut zurücklegen zu müssen. Wir hatten viel Besuch, und ich leitete ein wöchentliches Frauentreffen. Meine Schwiegermutter war im Krankenhaus. So mußte ich fast jeden Tag meinen Schwiegervater ans andere Ende der Stadt fahren, damit er sie besuchen konnte. Und dann war noch das Einkaufen, Kochen und Waschen irgendwie zwischendurch zu erledigen, so daß ich bald sehr müde und niedergeschlagen war.

Damals dachte ich immer wieder an einen Vers aus der Bibel: »Mein Joch ist sanft, und meine Last ist leicht.« Ich wußte nichts Rechtes damit anzufangen. Was bedeutete er? Meine Last schien alles andere als leicht zu sein. »Kommt her zu mir, alle ihr Mühseligen und Beladenen, und ich werde euch Ruhe geben.«

»Aber Herr«, protestierte ich, »das bekomme ich ja gerade nicht hin. Es ist einfach keine Zeit dafür da, ›zu dir zu kommen‹.

Ich weiß ja, daß ich eigentlich beten und das Wort lesen sollte, aber ich habe keine Zeit dafür! Es gibt Tage, da setze ich mich zwischen Frühstück und Abendbrot nicht ein einziges Mal hin!«

Aber Stück um Stück erinnerte ich mich dann an den Rest dieses Verses: »Nehmt auf euch mein Joch, und lernt von mir, denn ich bin sanftmütig und von Herzen demütig, und ›ihr werdet Ruhe finden für eure Seelen‹.«

Ich hatte eine völlig falsche Vorstellung von Gemeinschaft mit ihm. Ich dachte immer, sie bestehe darin, eine recht ausführliche stille Zeit einzuhalten, und wenn man sie versäumte, dann habe man sich schuldig zu fühlen. Mir war völlig entgangen, daß ein Joch eigentlich als ein Zweigespann gedacht ist. Ich mühte mich mit meinem Joch allein ab. Und er wartete immer darauf, daß ich anhielt und seine Nähe suchte, so daß er sich mit einspannen und die Last mittragen konnte. »Schließ mich nicht aus«, schien er zu sagen. »Laß mich hinein. Es ist gerade jetzt die Zeit, meine Nähe zu suchen – während du mit den Händen im Windeleimer bist oder du dich durch den Bügelkorb wühlst. Tu es doch mit mir zusammen. Du wirst feststellen, daß mein Joch tatsächlich sanft und meine Last leicht ist.«

Und so habe ich es dann gemacht und tue es noch heute so. Er ist zwar der König, aber dabei so sanft und demütig; demütig genug, um zu mir zu kommen und banalste Handlungen durch seine Herrlichkeit zu großen Augenblicken zu machen. Ich habe höchstes Entzücken auf geistlichen Veranstaltungen erlebt, aber ebensolches auch in meiner Küche.

Jesus wählte seine Jünger, um Zeit mit ihnen zu verbringen, erst dann sandte er sie aus. Zunächst suchte er also ihre Liebe und Freundschaft. Ihr Dienst wurde erst aus dieser engen Gemeinschaft heraus wirksam. Johannes hat das begriffen. Er erinnerte sich an Jesu Worte im Obergemach: »Wenn jemand mich liebt, so wird er mein Wort halten« (Joh. 14,23). Wenn also seine Liebe gar nicht erst zu uns vordringt, dann sind wir auch nicht nahe genug, um sein Wort zu hören. Wir werden vielmehr nur das tun, was wir für sein Wort halten. Wir werden es zu Floskeln reduzieren und nach Regeln leben, statt eingebunden in eine Lebensgemeinschaft zu sein. Jesus betete einmal wie folgt: »Vater, ich will, daß die, welche du mir gegeben hast, auch bei mir seien, wo ich bin, damit sie meine Herrlichkeit schauen« (Joh. 17,24). Es ist leider durchaus möglich, ihm anzugehören und doch nicht bei ihm zu sein. Es ist möglich, bei ihm zu sein, aber seine Herrlichkeit nicht zu sehen. Er schaut aus nach einer Liebesbeziehung, aus der dann Gehorsam erwächst, und dazu gibt er seine Verheißung: »Und mein Vater wird ihn lieben, und wir werden zu ihm kommen und Wohnung bei ihm machen« (Joh. 14,23).

Es ist großartig, wenn er zu Ihnen kommt, dorthin, wo Sie gerade sind. Soll er etwa zu mir in die Küche kommen? Aber ja! Etwa ins Wohnzimmer, in den Schuppen im Garten und ins Büro? Natürlich! »Wir werden kommen!« sagt Gott. Während Sie an Ihrem heißgeliebten Waschtrog oder Bügelbrett arbeiten, kann Ihre Küche erfüllt sein von der Dreifaltigkeit. Der Vater, der Sohn und der Heilige Geist werden mitfahren, wenn Sie Einkäufe machen. Ihr Auto kann zum Aufenthaltsort Gottes werden. Wenn Ihnen also das nächste Mal der Haushalt wieder einmal über den Kopf wächst, dann laden Sie ihn ein, daß Sie seine Gegenwart erfahren.

Wenig später erlebte Martha eine weitere große Enttäuschung. Diesmal war es nicht ihre Überarbeitung in Gegenwart von Leuten, die offenbar nur die Hände in den Schoß legten. Wenn dies schon eine Krise gewesen war, so wurde diese nun von einer Katastrophe in den Schatten gestellt. Ihr Bruder Lazarus starb.

Diesmal ging es bei Martha nicht mehr nur darum, übergekochte Sauce aufzuwischen, sondern mit Schock und Schmerz eines großen Verlustes fertig zu werden. Niederschmetternd war vor allem der Gedanke: *Wenn Jesus schneller hier gewesen wäre, hätte Lazarus vielleicht noch leben können.* Als sich Jesus endlich blicken ließ, war Lazarus schon vier Tage tot. Warum nur hatte er sich nicht beeilt? Warum war er nicht da, als man ihn brauchte?

Martha mußte noch etwas lernen: Selbst unsere Nöte und panischen Ängste können Jesus nicht vorschreiben, was er zu tun hat. Er ist nicht der Retter aus dem Groschenautomat, der Supermann, der schnell zur Hand ist und zur Rettung eilt, wenn wir nur pfeifen.

»Liebst du uns denn nicht, Herr? Ist es dir denn ein Vergnügen, uns verletzt und in heller Aufregung anzutreffen?« So
reagieren wir, wenn der Feind uns attackiert. Aber Jesus sieht
immer schon den Ausgang, der so viel großartiger ist, als wir es
uns je vorstellen können.

Er wußte, daß Marthas Denken sich zu ändern begann, aber
ihr war doch noch nicht ganz aufgegangen, wer er nun wirklich
war. Als sie hörte, daß er auf dem Weg zu ihnen war, konnte sie
nicht mehr stillsitzen. Jetzt mußte sie ihn sehen. Sie hatte Fragen
auf dem Herzen, war verletzt und verwirrt.

»Herr, wenn du hiergewesen wärst, so wäre mein Bruder
nicht gestorben!« Da machte sich tiefste Enttäuschung Luft,
doch im gleichen Atemzug sprach sie auch ihren Glauben aus:
»Herr, du hättest ihn heilen können. Warum hast du es nicht
getan?«

Wie oft haben wir ähnliches Gott schon ins Gesicht gesagt?
Wir wissen doch, daß er heilen kann; wir wissen, daß er eine
Situation ändern oder auf wunderbare Weise für uns sorgen
kann. Wir haben vielleicht schon Zeugnis für unseren Glauben
abgelegt, und dann läßt er uns plötzlich so in der Luft hängen.
Er ist einfach nicht in Erscheinung getreten, hat sich nicht
blicken lassen. Das ist doch unfair. Warum hat er unser Engagement nicht geehrt, indem er tat, was wir erwartet haben?

Martha wußte, daß Jesus ein Lehrer war. Sie kannte ihn auch
als Heiler. Aber ihre weiteren Worte offenbaren auch, daß sie
etwas ahnte: Es steckte noch mehr in ihm. Und, um Verständnis
ringend, rief sie aus: »Jetzt weiß ich, daß, was du von Gott bitten
magst, Gott dir geben wird.« Darauf erwiderte Jesus, ohne viele
Worte zu machen: »Dein Bruder wird auferstehen.« Das wollte
sie nicht wahrhaben und tat es ab: »Ich weiß, daß er auferstehen
wird in der Auferstehung am letzten Tag.« Darauf tat Jesus
etwas, was wir niemals wagen würden. Wenn jemand zutiefst
bekümmert ist, wenn ihn Trennungsschmerz quält, dann legen
wir den Arm um ihn, trösten ihn und weinen mit. Und das ist
recht getan. Würden wir aber den Versuch unternehmen, ausgerechnet jetzt, da der Betreffende seelisch so instabil ist, ihn mit
einer völlig neuen Denkweise zu konfrontieren?

Jesus wagte es. Er wußte genau, daß der Augenblick günstig war, ihr die Augen zu öffnen, was ihn anging. Die Antwort auf ihre tiefe Verzagtheit lag darin, ihr eine ganz neue Offenbarung von sich selbst zu geben, ihr klarer zu machen, wer er eigentlich war. Ein zweites Mal lenkte er ihre Aufmerksamkeit fort von ihrem Problem. Beim ersten Mal hatte er sie dazu gebracht, ihre Wertvorstellungen neu zu überdenken. Doch jetzt sorgte er dafür, daß sie ihn in einem ganz neuen Licht sah: »Ich bin die Auferstehung und das Leben; wer an mich glaubt, wird leben, auch wenn er gestorben ist; und jeder, der da lebt und an mich glaubt, wird nicht sterben in Ewigkeit. Glaubst du das?«

Die Unsicherheit, ihre Verwirrung und Verzagtheit, ihr Beschäftigtsein mit Zweifeln und Fragen, all das war augenblicklich wie weggeblasen durch diese atemberaubende Erklärung. Vor ihr stand lebendig und lebenspendend der Sohn Gottes. Diese Offenbarung nötigte ihr nur eine einzige Antwort ab: »Ja, Herr, ich glaube, daß du der Christus bist, der Sohn Gottes, der in die Welt kommen soll.«

Sie hatte sich das Wort von Gott zu eigen gemacht; es war in ihrem Herzen, in ihrem Mund. Als sie Jesus mit dem Mund als Herrn bekannte und es in ihrem Herzen glaubte, da geschah etwas in ihr: Sie selbst ging hinüber vom Tod zum Leben. Das war alles, was nötig war. An jenem Tag ereignete sich also nicht nur eine einzige Auferstehung. Später glaubten viele, als sie Lazarus tatsächlich sahen. Jener, der tot war, entstieg dem Grab auf Jesu Geheiß.

Sechs Tage vor dem Passah ging Jesus noch einmal nach Bethanien. Und wieder reichte Martha das Abendessen. Doch diesmal war sie ein anderer Mensch. Man feierte in der Familie, denn auch Lazarus saß mit an der Tafel, gesund und munter, und ließ es sich zweifellos schmecken. Es war Martha sicher eine besondere Freude, gerade ihm und Jesus das Essen zu reichen, den beiden Männern, die sie am meisten liebte. Diesmal diente sie jedoch aus einem Herzen voller Liebe und Dankbarkeit heraus. Ganz allgemein war man so freudiger Stimmung und voller Dankbarkeit, daß es Maria angemessen erschien, ihren wertvollsten Besitz, ein Pfund Salböl von echter, kostbarer Narde, herbeizuholen und damit Jesus die Füße zu salben. Er nahm ihre Anbetung an und erklärte den Umstehenden, man werde von dieser Handlung erzählen, solange das Evangelium verbreitet werde.

Die Art und Weise, wie wir bei uns zu Hause, in unseren Familien und in den Gemeinden einander dienen, kann es für andere leichter oder schwerer machen, ihre Anbetung darzubringen.

Vielleicht war Martha viel mehr als Maria ein Mensch, der tatkräftig zupacken konnte, aber sie war damit nicht weniger geistlich. Anbetung kann sich auf vielerlei Weise ausdrücken, aber sie entspringt immer einem Herzen, das mit jenem Bekanntschaft geschlossen hat, der die Auferstehung und das Leben ist, und das Umgang mit ihm sucht.

Thomas à Kempis hat es wie folgt ausgedrückt: »Wenn Jesus gegenwärtig ist, dann ist alles im Lot und nichts scheint verzwickt; ist Jesus aber nicht da, dann ist alles nur Mühsal.«

6

Freiheit von Bitterkeit

Wer wollte es noch leugnen? Noomi war eine griesgrämige alte Frau geworden. Die anderen Frauen hatten sich darüber ausgelassen, als sie sich noch vor dem Dunkelwerden am Brunnen trafen. »Ich hatte mich so darauf gefreut, sie wiederzusehen«, sagte eine traurig. »Als wir hörten, daß sie sich zur Heimkehr nach Bethlehem entschlossen hatte, freute ich mich riesig.«

»Ja«, fügte eine andere hinzu, »so ging es mir auch. Es muß gut zehn Jahre her sein, daß sie wegging.«

»Mindestens«, rief eine dritte. »Ich erwartete damals mein erstes Kind, und sie ist jetzt schon ein junges Mädchen.«

Die Frauen tauschten nun mancherlei Erinnerungen aus, während die Krüge am langen Seil geräuschvoll auf und nieder gingen. Als man aber wieder auf das ursprüngliche Thema zu sprechen kam, waren sich alle einig, daß sie eins sehr erschrocken gemacht hatte: die Veränderung bei Noomi.

Von den Jüngeren erinnerten sich einige kaum noch an die Frau. Sie waren damals, als die große und schreckliche Hungersnot hereinbrach, noch zu klein. Was aber unauslöschlich in ihrem Gedächtnis haften geblieben war, war der zermürbende Hunger, das Weinen der kleineren Geschwister, die täglich unter dem sorgenden Blick verzweifelter Mütter schwächer wurden, während auch sie selbst zunehmend abmagerten. Sie konnten sich an das mitleiderregende Wimmern erinnern, das nach und nach verstummte, wenn die Kleinen apathischer wurden und ihnen schließlich die Energie zu allem fehlte. Da blieb es nicht aus, daß so mancher Morgen anbrach, an dem man wieder eine grausige Entdeckung machen mußte: Eins der geliebten Kleinen

hatte den Kampf aufgegeben, und so mußte aufs neue ein
lebloses kleines Bündel in der Abenddämmerung beigesetzt
werden.

Wie hatten sie das alles nur durchgestanden? Es war ein
Wunder, aber niemand machte sich allzu viele Gedanken darüber. Woran lag es, daß einer überlebte und der andere nicht? So
manches Mal trieb sie diese Frage schon um. Aber dann schüt-
telten sie sie schnell und entschlossen ab, um sich wieder ganz
der Aufgabe zu widmen, das gerade letzte Glied in der Kette des
Menschengeschlechts zu versorgen und am Leben zu erhalten.

Aber die Narben dieser Hungerjahre waren längst noch nicht
verheilt. Das Schreckgespenst eines nicht enden wollenden
Hungers machte ihnen noch immer zu schaffen. Ängstlich ach-
teten sie darauf, daß ihre eigenen Kinder alles aufaßen, was
ihnen vorgesetzt wurde, und immer waren Vorräte in der Spei-
sekammer. Fiel die Ernte einmal nicht so üppig aus, so fühlten
sie sich gleich wieder bedroht und wogen peinlich genau das
Korn und Öl. Dazu beteten sie, es möge reichen. Körperlich
hatten sie sich durchaus erholt, aber auf der Gefühlsebene hatten
sie Schaden davongetragen durch das, was ihnen als Kindheits-
erinnerungen von der Hungersnot geblieben war.

Als die Not am größten war, entschloß sich eine Familie zur
Flucht, solange noch Kraft dafür da war. Die Entscheidung war
keineswegs leicht. Sie konnten wohl bleiben, aber dann drohte
ihnen der Hungertod. Oder sie konnten den dramatischen Schritt
tun, zu verlassen, worin sie verwurzelt waren, und sich woanders
niederlassen, dort, wo es ausreichend Nahrung gab.

Elimelech, Noomis Mann, war ein kühner, entschlußfreudi-
ger Mensch. Er kalkulierte, daß der Preis fürs Bleiben höher sein
könnte als für die Auswanderung. Deshalb nahm er Noomi und
seine beiden Söhne Machlon und Kiljon und zog nach Moab.
Der Trennungsschmerz war groß, als sie Bethlehem verließen,
wußten sie doch nicht, ob sie jemals zurückkehren würden. Es
war nicht leicht, sich unter ein Volk ein neues Zuhause zu
schaffen, für das sie Fremdlinge waren. Noomi spürte es wohl,
daß sie etwas von sich in Bethlehem zurückgelassen hatte, auch
wenn sie körperlich die Tortur des Hungerns unbeschadet über-
standen hatten. Die Kleinfamilie, die übriggeblieben war, spielte

eine zunehmend wichtigere Rolle, während sie sich daranmachten, ein neues gemeinsames Leben aufzubauen.

Es war ein schrecklicher Schlag, als nach ein paar Jahren Elimelech krank wurde und starb. Von heute auf morgen stand Noomi ohne Mann da. Die einsame Frau, die schon am Verlust von Freunden und der Familie zu tragen hatte und nun auch noch Witwe war, wurde daraufhin bei ihren beiden Söhnen überängstlich und suchte sie zu schützen, wo es eben ging. Sie waren ihr einziges Bindeglied zur Vergangenheit. Sie klammerte sich an die beiden jungen Männer und lebte nur noch für sie. Dann heirateten beide. Noomi kam mit ihren moabitischen Schwiegertöchtern gut aus, und diese liebten und respektierten sie. Auch wenn man Noomi immer ihre Traurigkeit anmerkte, so muß sie doch noch ihrem Namen – Noomi heißt »Wonne« – alle Ehre gemacht haben, so daß sich die andern in ihrer Gegenwart nicht unwohl fühlten. Schließlich hatte das Leben wieder seinen ganz praktischen Wert für sie. Doch dann starben ganz unerwartet auch noch ihre beiden für sie so wertvollen Söhne kurz hintereinander.

Der Schmerz übermannte sie. Orpa und Rut, ihre Schwiegertöchter, die nun ebenfalls Witwen waren, weinten mit ihr. Noomi war so verzweifelt, daß die beiden jungen Frauen schon dachten, sie würde ihren Verstand verlieren. Bitterkeit und Wut erfüllten ihre Seele. Sie wies jeden Trost von sich und wurde in sich gekehrt, Trauer und Schmerz im finstersten Winkel ihres Herzens bergend. Ihr war, als sei ihr Leben ein langer Tunnel gewesen, der immer nur tiefer führte. So verlor sie jede Hoffnung und gab sich der Verzweiflung hin.

Da kam die Kunde, daß zu Hause in Juda das Land wieder blühte und gedieh. *Was habe ich noch zu verlieren?* dachte Noomi traurig. *Ich werde nach Bethlehem zurückkehren.* Auch Rut und Orpa fanden, daß dies ein guter Plan sei. »Es bringt sie vielleicht auf andere Gedanken«, meinte Orpa. »Ja, die Rückkehr in die Heimat wird sie trösten, die Arme«, sagte Rut. »Aber sie ist sicher nicht in der Verfassung, allein gehen zu können. Wir müssen sie schon dorthin bringen.«

Die beiden Frauen machten sich daran, Noomi bei den Vorbereitungen für den Aufbruch zur Hand zu gehen. Sie war so mit sich selbst und ihrem Kummer beschäftigt, daß sie fast vergaß, daß auch die beiden einpacken und Abschiedsbesuche machen mußten. Teilnahmslos ließ sie sich antreiben, ihre paar Habseligkeiten zu sichten. Die zwei jungen Frauen mußten wieder weinen, als sie dabei auf Sachen stießen, die sie an ihre verstorbenen Ehemänner erinnerten. Nur Noomi weinte nicht mehr. Ihr tiefer Schmerz war einer Verbitterung gewichen, die wie ein schwerer Stein auf ihrem Herzen lastete. Was hatte sie nur getan, daß der Allmächtige so hart mit ihr umgegangen war? Sie fand keine Antwort auf diese Frage. Orpa und Rut unternahmen gar nicht erst den Versuch, der Sache auf den Grund zu gehen. Sie liebten ihre Noomi, die so gut zu ihnen gewesen war, und sie mochten es nicht mit ansehen, wie sehr die Depression sie im Griff hatte. Die Heimkehr nach Bethlehem würde ihr ja vielleicht helfen.

So machten sie sich alle auf den Weg. Bald erreichten sie die Grenze zwischen Moab und Juda. Noomi schien gar nicht auf den Gedanken gekommen zu sein, ihre zwei Schwiegertöchter könnten sie den ganzen Weg nach Hause begleiten, denn sie wandte sich an sie, um ihnen Lebewohl zu sagen. »Ihr müßt nun zu eurem eigenen Volk zurückkehren. Möge der Herr euch für all eure Freundlichkeit mir und meinen Söhnen gegenüber segnen.«

»Aber nein, wir gehen doch weiter mit dir!« protestierten beide einhellig. Doch Noomi blieb hart: »Ihr müßt zurückkehren und wieder heiraten.« Aber auch sie ließen nicht ab, ihren Unwillen zu äußern, und wichen keinen Fußbreit von Noomi. Ihre Verbitterung hatte sie zynisch gemacht: »Wozu solltet ihr mit mir gehen? Ich bin ja zu alt, um eines Mannes Frau zu werden. Selbst wenn ich spräche: Ich habe noch Hoffnung! – wenn ich gar diese Nacht eines Mannes Frau werden würde und sogar Söhne gebären sollte, wolltet ihr deshalb warten, bis sie groß würden? Nicht doch, meine Töchter, wenn ihr es gut mit euch meint, werdet ihr zurückkehren und neue Ehemänner suchen. Bleibt nicht bei einer, die wie ich Vergangenheit ist! Schließlich ist Gott auch nicht gegen euch, sondern nur gegen mich.«

Entnervt küßte Orpa ihre Schwiegermutter. Sie fühlte sich hilflos angesichts dieser schier ausweglosen Untröstlichkeit und machte sich auf den Heimweg nach Moab. Noomi versuchte, auch Rut abzuschütteln. Es ärgerte sie, daß Rut nicht zur Vernunft kommen wollte. Warum konnte sie sie nicht endlich mit ihrem Selbstmitleid allein lassen? Sie wollte doch keine Gesellschaft in ihrem finsteren Winkel, wo sie sich die Wunden leckte.

Rut saß neben ihr und hielt ihre Hand. Dann glitt sie zu Boden, kniete im Staub, ergriff Noomis beide Hände und sah ihr unverwandt ins Gesicht. »Dringe nicht in mich, dich zu verlassen, von dir weg umzukehren! Denn wohin du gehst, dahin will auch ich gehen, und wo du bleibst, da bleibe auch ich. Dein Volk ist mein Volk, und dein Gott ist mein Gott. Wo du stirbst, da will auch ich sterben, und dort will ich begraben werden. So soll mir der Herr tun und so hinzufügen – nur der Tod soll mich und dich scheiden.« Noomi war erschüttert, erkannte sie doch in diesen ernsthaft blickenden braunen Augen und in diesen feierlichen Worten eine solche Gewogenheit und Treue, ja geradezu die Liebesbezeugung eines Gelübdes, daß sie nichts mehr widerreden konnte.

Sie setzten also ihre Reise fort. Als sie sich Bethlehem näherten, kamen einige Frauen ihnen entgegengelaufen. Doch deren Lachen gefror und wich blankem Entsetzen. Konnte das wirklich Noomi sein, diese abgezehrte, grauhaarige Frau, die mit gesenktem Kopf und herabfallenden Schultern daherkam und so aussah, als trüge sie eine schwere Last? Du liebe Zeit, wie alt sie wirkte! Was war bloß aus dieser einst so strahlenden Frau geworden? »Sei willkommen daheim, Noomi«, sagten sie. Aber die alte Frau fuhr sie an: »Nennt mich nicht Noomi, nennt mich Mara! Denn der Allmächtige hat mir sehr bitteres Leid zugefügt.«

Erschüttert und bestürzt zogen sich daraufhin alle zurück und überließen es Rut, Noomi zu der Wohnung zu führen, die man vorbereitet hatte. »Mara« – ja, sie war eine »bittere« alte Frau geworden! Sie wußte es selbst und gab es auch ohne weiteres zu. Das Leben hatte ihr übel mitgespielt, so manchen Schlag hatte sie einstecken müssen. Vielleicht sind auch Sie der Meinung, daß das ausreichte, jemanden bitter zu machen. Doch ist es wirklich immer so, daß Tragisches Verbitterung gebiert?

Hiob erlebte Tragödien, die Satan sich ausgedacht hatte, um ihn am Ende verbittert, aus der Bahn geworfen und zynisch seinem Schicksal zu überlassen. Was der Teufel zu erreichen suchte, war, das Gottvertrauen vollkommen zugrunde zu richten, aber Hiob weigerte sich standhaft, seinem Glauben abzuschwören. Er bewahrte sich einen gesunden Geist. Er wollte es nicht zulassen, daß die Verbitterung seine Seele durchdringt und vergiftet. Natürlich hatte auch er viele Fragen, viele Klagen und sehr viel Verwirrung und Angst zum Ausdruck zu bringen. Doch während er Schlimmes erleben mußte, erinnerte er sich immer wieder daran, wer letztlich alles in seiner Hand hielt. Er verstand nicht, welchen Zweck das alles haben sollte, noch wußte er, ob es überhaupt einen Sinn gab. Und doch hielt er im Glauben an der Existenz Gottes fest, an seiner Souveränität und Güte.

Wenn Menschen nicht mehr daran glauben, auch wenn es nur eins von diesen Dingen ist, dann öffnen sie der Verbitterung Tür und Tor.

Im Gegensatz zu manchen Menschen hörte Noomi allerdings nicht auf, an Gott zu glauben; auch zweifelte sie im Grunde genommen nicht daran, daß er alles in seiner Hand hielt. Ihre Vorstellung von seiner Fähigkeit, Leid zu verhindern oder zuzulassen, war gar nicht einmal verkehrt. Ihr Problem aber war, daß sie fest daran glaubte, er sei ganz allein schuld an ihrem Leid und habe es ihr ganz persönlich auferlegt. In dieser Verfassung glaubte sie nicht an einen Gott der Liebe, des Segens und der Güte. Sie meinte vielmehr, er sei grausam und rachsüchtig.

Wie war sie darauf gekommen? Ihr Gottesbild beruhte auf dem, was ihr ganz persönlich widerfahren war; und so beurteilte sie ihn entsprechend. Das ist verständlich bei jemand, der keine andere Möglichkeit hat, um etwas über Gottes Charakter in Erfahrung zu bringen. Ein Christ jedoch hat Offenbarung über Gott, ja, er ist ihm sogar schon begegnet. Gott ist in unsere Welt hineingetreten, und er hat sich als einer erwiesen, der an sich die Güte in Person darstellt. Seine Gerechtigkeit, Liebe und Barmherzigkeit hängen nicht davon ab, was sich auf dem Planeten Erde ereignet. Ihn allein durch die Brille unserer eigenen Subjektivität, im Hinblick auf die Erfahrungen, die unser Leben ausmachen, zu sehen, bedeutet, einen viel zu kleinen Gott wahrzunehmen, nämlich einen, den sich der Mensch selbst gemacht hat.

Wenn wir Gott nur so sehen, werden wir jedesmal zusammenbrechen, wenn die Dinge anders laufen, als wir es uns vorgestellt haben. Aber zu erkennen, daß wir neu geboren worden sind, heißt, mit anderen Augen zu sehen, nämlich einen Gott, der in unsere Finsternis, Verwirrung und Verzweiflung vorgedrungen ist und in uns die Fähigkeit hinterlassen hat, seine Kraft auch mitten im Schmerz selbst anzunehmen.

Wenn uns ganz persönlich Unheil widerfährt, dann hat Gott sich nicht urplötzlich gewandelt. Er war nicht gestern, als die Sonne schien, der liebe Papa und ist nun heute, da alles kalt und finster ist, das böse Ungeheuer. Und doch tun wir zuweilen so, als sei er manchmal, nach Lust und Laune, ein Monster. Unsere Sicherheit müssen wir an einer Tatsache festmachen: »Ich, der Herr, ich habe mich nicht geändert.« Er ist noch immer Liebe, Licht, Freude, Wahrheit und das Leben selbst, was auch immer uns geschehen möge.

Wir sind es, die sich verändern zum Guten oder zum Bösen. Und das hängt davon ab, wie wir auf Gottes Handeln in unserem Leben reagieren. Noomi reagierte negativ. Sie gab Gott die Schuld und war davon überzeugt, daß es seine Entscheidung war, ihr Qualen aufzuerlegen, indem er sie ihrer wichtigsten Quelle für ein erfülltes Leben beraubte.

Sie hatte wahrlich keinen Grund zu sagen: »Voll bin ich gegangen, und leer hat mich der Herr zurückkehren lassen.« Diese Aussage beweist, daß Lebensinhalt für sie allein die Familie war. Nun, da von ihr niemand mehr übrig war, war sie selbst auch leer. »Ohne meinen Mann und meine Söhne habe ich nichts mehr, wofür es sich zu leben lohnt.« Das waren ihre Worte.

Noomi hatte also nicht nur ein begrenztes und verkehrtes Bild von Gott, sondern auch das Bild von sich selbst war in Mitleidenschaft gezogen worden. Sie fühlte sich wertlos, denn das, was ihr Erfüllung gab, war dahin. Sie war nicht mehr bereit, sich selbst als »Noomi«, als die »Wonne« zu sehen. Trotzig bekannte sie sich dazu, verbittert und verdrossen zu sein. Und so erwartete sie auch, entsprechend behandelt zu werden.

Im Grunde handelte es sich um verdeckte Schuldgefühle. Sie glaubte, Gott strafe sie für etwas. »Der Herr hat gegen mich ausgesagt, und der Allmächtige hat mir Böses angetan. Er mißbilligt, was ich tue, und ist zornig auf mich. Er hat an mir keine Freude.«

Die Art und Weise, wie sie Gott wahrnahm, beeinflußte ihre Selbsteinschätzung, und umgekehrt.

Bitterkeit ist wie die lästige Winde im Gartenbeet. Wenn sie zu wachsen beginnt, sieht sie noch ganz harmlos aus – ein paar blaßgrüne Blättchen an einem dünnen Stengel, von Schlingtrieben keine Spur. Doch wehe, sie fängt an zu sprossen. Dann windet sie sich im Handumdrehen um ein unschuldiges Pflänzchen und erstickt alle Lebenskraft in ihm. Jeder, der schon einmal versucht hat, die Winde aus seinem Garten zu verbannen, weiß, was das für eine mühevolle Arbeit ist. In meinem eigenen Garten habe ich buchstäblich eimerweise schmuddelig weißes Wurzelwerk ausgegraben. Doch wie tief ich auch grabe, ich bekomme nie alles heraus. Wenn ich denke, nun wirklich nichts mehr übriggelassen zu haben, dann werden die paar Millimeter, die ich doch übersehen habe, gnadenlos weiterwachsen, bis wieder ein Pflänzchen seinen vorwitzigen Trieb aus dem Boden streckt. Ich habe die Winde in der Tat hassen gelernt. Sie verdient kein Mitleid, und man muß rücksichtslos gegen sie vorgehen.

Bitterkeit ist gefährlich. Sie breitet sich aus und vergiftet alles. Wir sind sicher alle schon Menschen begegnet, die für niemanden ein gutes Wort übrig haben. Sie verteilen nur Spitzen, vermuten immer nur Hintergedanken bei offensichtlich guten Taten und sind zynisch und mißtrauisch. Wenn ihnen unachtsame und leichtgläubige Menschen zuhören, dann werden einige der Spitzen wie Widerhaken bei ihnen selbst hängenbleiben und sich eingraben, so daß sich Einstellungen zum Negativen entwickeln und Beziehungen in Mitleidenschaft gezogen werden. Wie gut tat der Schreiber des Hebräerbriefes daran, als er uns warnte: »Achtet darauf ... daß nicht irgendeine Wurzel der Bitterkeit aufsprosse und euch beunruhige und die vielen durch diese verunreinigt werden« (Hebr. 12, 15).

Menschen, denen Unheil widerfahren ist, empfinden oft Wut, Niedergeschlagenheit und Schmerz. Sie fragen sich immer wieder: »Warum? Warum? Warum?«, und sind der Meinung, ihre Verbitterung sei schließlich gerechtfertigt. Dabei geben sie ihr noch Nahrung durch hohe Dosen von Selbstmitleid. Wer könnte sie verurteilen? Und doch, der Verbitterung nachzugeben, ist ausgesprochen gefährlich und zerstörerisch, denn, wenn sie sich erst einmal eingenistet hat, ist sie schwer wieder loszuwerden.

Was ist aber das Gegenmittel? Der Schlüssel dazu findet sich in dem schon oben erwähnten Vers von Hebräer 12: »Und achtet darauf, daß nicht jemand an der Gnade Gottes Mangel leide, daß nicht irgendeine Wurzel der Bitterkeit aufsprosse.« Warum sollte gerade die Gnade Gottes solch eine Schlüsselrolle im Umgang mit der Bitterkeit spielen?

Wenn man nichts von der Gnade Gottes spürt, dann hat man auch sehr wahrscheinlich ein falsches Bild von Gottes Charakter und vom Wert der eigenen Person. Leider haben einige Christen ein derart verworrenes Gottesbild, daß sie in ihm jemand sehen, der immer nur darauf aus ist, sie bei irgend etwas zu erwischen. Für sie ist er fern und kaum einmal zufriedenzustellen. Wenn sie es nicht schaffen, die Regeln einzuhalten, dann wird er zuschlagen und dafür sorgen, daß sie für ihr Versagen bezahlen. So tun sie alles, um ihn zu besänftigen und sein Wohlwollen zu erringen. Wenn die Dinge einmal nicht so laufen, wie sie sollen, dann glauben sie eilfertig, daß dies nun die Strafe sei und daß Gott sie eigentlich gar nicht mehr liebe. Und dabei haben sie sich doch so sehr angestrengt! Diese Sichtweise ist genau das richtige Saatbeet für den Samen der Bitterkeit, daß er Wurzeln schlägt und wächst und gedeiht.

Aber die Gnade Gottes bedeutet doch, daß er uns bedingungslos liebt. Wenn sich Widrigkeiten zusammenbrauen oder wenn uns Erfreuliches in Hochstimmung versetzt, dann ist dies nicht Strafe oder Belohnung aus Gottes Hand für gutes oder schlechtes Benehmen unsererseits. Seine Liebe und Verläßlichkeit sind beständig und hängen nicht von unserem Verhalten ab.

Daß es die Gnade Gottes gibt, sagt uns doch etwas: Gott beweist uns seine Liebe. Selbst als wir noch Sünder waren, ist Christus für uns gestorben. Das bedeutet doch aber, daß Gott uns noch mit unserem aufsässigen und sündigen Wesen geliebt und seinen Sohn für uns gegeben hat. Wir sind angenommen, und uns ist vergeben. Das kann uns keiner mehr nehmen, und wir brauchen auch nichts mehr zu beweisen. Wir müssen nicht mehr alles daransetzen, in Gottes Annalen der guten Taten verzeichnet zu sein, indem wir uns seine Zuneigung verdienen. Er hat nämlich unsere Namen schon an jenem Tag in seinem Buch verzeichnet, an dem wir Christen wurden, und die Tinte ist unauslöschlich!

Wenn wir anfangen, in der Gnade Gottes zu leben, sind wir nicht plötzlich alle Probleme und alles Leid los. Doch werden wir die Fähigkeit mitbringen, mit solchen Dingen aus einer großen Gelassenheit heraus umzugehen. Wir werden weit weniger in der Gefahr stehen, seine Güte und unseren eigenen Wert in Frage zu stellen.

Die neutestamentliche Gnade war für Noomi noch nicht zugänglich, und doch erfuhr sie schon etwas davon in ihrer ganz persönlichen Situation, denn Gott wies sie für ihren Glaubensmangel nicht etwa zurecht, noch beließ er sie in den Irrungen tiefer Depression, in die Verbitterung letztlich führt. Er schickte vielmehr einen Menschen, der seine Liebe verkörperte.

Rut kam zwar aus der Fremde, aus Moab, doch durch ihre Heirat waren die Bande zu Noomis Familie geknüpft worden. Als dann Noomis Söhne starben, waren beide Frauen plötzlich verwitwet. Rut konnte also mit ihrer Schwiegermutter mitfühlen. Sie wußte, was es heißt, eine Fremde in einem fremden Land zu sein, und sie kannte den Schmerz, wenn einem etwas entrissen wird. Sie wußte, was es heißt, schwach zu sein, und doch geriet sie nicht in die Falle der Verbitterung. Wie unser großer Hohepriester suchte sie die Nähe, um ganz mitfühlen zu können, ohne dabei selbst in Sünde zu fallen.

Rut blieb bei Noomi. Sie weigerte sich einfach, sie zu verlassen. Hier taucht schlaglichtartig Jesu Wort auf, er werde uns nicht verlassen noch versäumen. Ihre Hingabe war vollkommen. Sie gelobte, bei ihrer Schwiegermutter zu bleiben, wohin immer sie das Leben treiben würde, selbst in den Tod. Sie erlebte Noomi in den schlimmsten, tiefsten und dunkelsten Augenblicken ihres Lebens und war doch nicht abzuschrecken von ihrer Absicht, loyal zu bleiben. Es muß Zeiten gegeben haben, da es sicher kein Vergnügen war, mit ihrer Schwiegermutter zusammen zu leben. Noomi war in sich gekehrt, oft nicht ansprechbar, depressiv und mürrisch. Wer würde schon die Gesellschaft eines solchen Menschen suchen?

Es wird sicher immer wieder vorgekommen sein, daß Rut sich fragte: »Wie habe ich mich bloß darauf einlassen können? Ich könnte jetzt zu Hause sein, wo man mich kennt, liebt und schätzt. Ich muß verrückt sein!« Vielleicht wäre sie längst bei den Vorbereitungen für die Hochzeit mit einem netten Moabiter. Sie hätte doch dort bleiben können, wo sie hingehörte. Aber sie gab doch alles auf. Warum?

»Denn ihr kennt die Gnade unseres Herrn Jesus Christus, daß er, da er reich war, um euretwillen arm wurde, damit ihr durch seine Armut reich werdet« (2. Kor. 8,9).

Und so etwas geschah auch hier: Rut hatte sich entschlossen, alles hinzugeben und am Mangel dieser armseligen Frau teilzuhaben, um sie durch diese sichtbar werdende Liebe und Treue mit neuem Reichtum zu beschenken.

Ruts Hingabe drückte sich ganz praktisch aus. Selbst in den grundlegendsten Dingen des Lebens war Noomi von ihr abhängig. Rut fand eine Arbeit, durch die sie zum Brotverdiener wurde: Sie las die Ähren im Feld auf. Doch dabei nahm sie Noomi nicht ihre Würde. Sie fragte nämlich um Erlaubnis, bevor sie fortging, um im Feld zu arbeiten.

Ruts ruhige und liebevolle Duldsamkeit begann schließlich Früchte zu tragen. Wenn sie nämlich von der Arbeit mit einem Beutel frisch gedroschenen Korns nach Hause kam, wurde Noomi aus ihrem Brüten und Grübeln herausgerissen, weil es sie schließlich doch interessierte, was Rut erlebt und getan hatte. Zaghaft kam sie aus ihrem Schneckenhaus heraus, und das, was Rut ihr zu erzählen hatte, entfachte ein schwaches Glimmen zu reger Anteilnahme. Der Mann, für den Rut arbeitete, war nämlich nicht nur ein wohlhabender Landeigner, sondern auch noch, und das war viel wichtiger, ein naher Verwandter von Noomi. Und da sah Noomi plötzlich ganz neue Perspektiven für die nichtsahnende Rut.

Bei Noomi setzte ein Heilungsprozeß ein. Es war für sie ein großer Schritt, als sie ausrufen konnte: »Gesegnet sei er von dem Herrn, der seine Gnade nicht entzogen hat, weder den Lebenden noch den Toten.« Durch Ruts uneigennütziges Handeln wurden Noomi die Augen dafür geöffnet, daß Gott nicht aufgehört hatte, freundlich zu sein, wie sie es zuvor angenommen hatte. Tatsächlich schien Gott sogar dafür zu sorgen, daß »alle Dinge zum Guten mitwirken«.

Gott hat uns seine Liebe dadurch vor Augen geführt, daß er uns jemand aus Fleisch und Blut schickte, der mit uns und für uns litt. Er gab sich uns hin und führte ein Leben der vollkommenen Uneigennützigkeit. Er hat uns gezeigt, wie sehr Gott uns wertschätzt und wie gütig Gott ist. Wenn wir seine Gnade so vor Augen haben, können wir nicht mehr an seiner Liebe und Güte zweifeln. Wir können befreit sein von jeder Bitterkeit.

Ein entscheidender Faktor für die Befreiung von Bitterkeit ist die Fähigkeit, an Gottes Vermögen zu glauben, »alle Dinge zum Guten zu wirken«. Damit ist keineswegs jenes passive »Es wird schon werden« gemeint. Es geht hier vielmehr um einen positiven Glauben und um die Verkündigung, daß Gott Satans Schliche umwandeln kann, indem er die Auswirkungen schmerzhafter Erlebnisse aus der Vergangenheit ins Gegenteil verkehrt und aus ihnen ein Saatbeet des Segens anstatt des Fluches macht.

Als Noomi das Wort aussprach, der Herr habe seine Gnade nicht entzogen, widersprach sie ihrer bisherigen Glaubensüberzeugung, der Herr habe ihr etwas angetan. Ihr ging schließlich auf, daß von Gott keine Willkür ausgeht, sondern nur Beständigkeit.

Paulus schrieb später im Neuen Testament: »Alle Bitterkeit und Wut und Zorn und Geschrei und Lästerung sei von euch weggetan, samt aller Bosheit. Seid aber zueinander gütig, mitleidig, und vergebt einander, so wie Gott in Christus euch vergeben hat« (Eph. 4,31-32). Die Gnade Gottes befähigt uns, Versöhnlichkeit zu empfangen. Das bedeutet aber auch, daß wir für unsere Bitterkeit Buße tun und uns von ihr abkehren können. Bitterkeit betrübt den Heiligen Geist, denn sie stellt Gottes Liebe in Frage.

An dieser Stelle trat Noomi aus dem Schatten heraus ins volle Sonnenlicht. Rut hatte vorbehaltlos für sie gesorgt. Nun war Noomi an der Reihe, sich für Ruts weiteres Schicksal einzusetzen. Rut hielt sich an Noomis Anweisungen, und am Ende der Geschichte sehen wir das Bild von zwei Frauen, die rundum glücklich und zufrieden sind. Rut heiratete schließlich Boas und gebar ihren Sohn Obed.

Die überglückliche Noomi nahm den Kleinen wie ihren eigenen Sohn auf und sorgte für ihn. Die Frauen von Bethlehem aber verkündeten: »Gepriesen sei der Herr, der es dir heute nicht an einem Löser hat fehlen lassen!« In ihren Augen war Boas der verwandtschaftliche Löser, der sich der ihm auferlegten Pflicht eines überlebenden Verwandten nicht entzogen hatte, die Witwe eines Verstorbenen zu heiraten. Aber auch Rut hatte die Rolle eines Erlösers in Noomis Leben gespielt, denn sie hatte ihre eigene Freiheit und eine sichere Lebensperspektive hintangestellt, um Noomi aus der Finsternis zu befreien. Die »Reichtümer«, auf die Rut verzichtet hatte, waren nichts im Vergleich zu dem, woran sie sich nun erfreuen und was sie mit Noomi teilen konnte.

Wie sehr doch Gott ein Bündnis der Liebe wertschätzt! Die Auswirkungen von Ruts Handeln erstreckten sich nicht nur auf ihr unmittelbares Schicksal und das Noomis, sondern verbreitete sich wie auseinanderstrebende Wellenringe über die Jahrhunderte. Rut – was soviel wie »Freundin« heißt – gebar einen Sohn, der später der Großvater von König David war. Und am Ende dieser königlichen Linie wurde Jesus geboren, der Freund der Sünder. Wer hätte gedacht, daß solch eine armselige, verbitterte Frau in Verbindung stehen würde mit einer Familie, aus der eines Tages der Messias hervorgehen sollte?

Aber das ist eben die befreiende Gnade Gottes!

7

Freiheit und Identität

Sie war krank, und das schon eine lange Zeit – zwölf Jahre, um genau zu sein. Sie litt an Blutfluß, der für sie ein ständiger Energieverlust bedeutete und sie blaß und schwächlich machte. Sie hatte es längst vergessen, was es heißt, leistungsfähig und kraftstrotzend zu sein.

Und arm war sie obendrein. Es war, als flösse mit ihrem Blut auch gleich all ihr Geld mit fort. Viele ärztliche Ratgeber hatten ihre finanziellen Ressourcen geplündert, hatten dies oder das ausprobiert, aber sie am Ende doch nicht geheilt. Im Gegenteil, ihr Zustand verschlechterte sich zusehends.

Sie muß auch Scham empfunden und Ablehnung gespürt haben. Das levitische Gesetz verlangte nämlich, daß eine Frau, die ihre Regel hatte, als unrein anzusehen sei, und auch jeder, der sie berührte, habe bis zum Abend als »unrein« zu gelten (3. Mo. 15,19). Nach 12 Jahren »Unreinheit« muß diese Frau eine gesellschaftlich ausgestoßene und einsame Person gewesen sein.

Neben ihrer Last durch Krankheit, Armut und Isolation muß es sie auch noch viel Mühe gekostet haben, ihre Kleidung rein zu halten. Da kam eins zum andern, so daß sie sich vor sich selbst ekelte und ihr die Menschenwürde geraubt wurde. Da blieb vom Selbstbewußtsein kaum etwas übrig.

Vielleicht war sie ja Jesus von ferne gefolgt und hatte seine Heilungswunder gesehen. Vielleicht hatte sie sich ja gefragt: *Er ist der einzige, der mir helfen kann, aber wie kann ich ihm mein Problem erklären, wenn immer so viele Menschen um ihn herum sind?* Möglicherweise dachte sie auch: *Warum sollte er über-*

haupt an mir interessiert sein? Es kümmert sich doch auch sonst niemand um mich. So negativ sie auch ihre Umstände sah, so lebte in ihr doch eine Sehnsucht, die stärker war als alles andere. Und das war die Sehnsucht, gesund zu werden. Diese Entschlossenheit war es auch, gepaart mit einem Glauben an Jesu Macht zu heilen, die sie dazu trieb, ihre Hand auszustrecken und den Saum seines Mantels zu berühren.

Die überschwengliche Freude, die sie nach dieser Begegnung mit dem Herrn empfunden haben muß, ist sicher unvorstellbar groß gewesen. Nun war sie nicht länger ein Bild des Jammers. Jesus hatte ihre Gesundheit vollkommen wiederhergestellt. Aber beinahe wichtiger noch war, daß er ihr das Selbstwertgefühl wiedergegeben hatte. »Tochter« hatte er sie genannt und ihren Glauben gelobt. Er war ihr wohlwollend entgegengetreten und hatte sie angenommen. Er hatte ihr Frieden und ein Gefühl des Aufgehobenseins vermittelt. Und damit hatte er sie heil gemacht. Sie konnte vertrauensvoll in die Zukunft sehen und den Rest ihres Lebens in Würde verbringen.

Auch wenn viele Frauen nicht unbedingt mit den körperlichen Problemen jener Frau von damals mitfühlen können, so mögen sie durchaus Mangel an Selbstwertgefühl haben. Sie leiden an ihren Unzulänglichkeiten und fühlen sich minderwertig. Oft sind sie schüchtern und wagen es nicht, mit ihrer eigenen Meinung hervorzutreten. Das Betreten eines überfüllten Raumes ist eine Höllenqual für sie, und die Vorstellung, sich neuen Herausforderungen und Verantwortlichkeiten stellen zu müssen, erfüllt sie mit Furcht. Immer wieder meinen sie, sie sollten lieber in den Grenzen dessen bleiben, was ihnen geläufig oder bekannt ist, als sich dem Unbekannten zu stellen. Das Bekannte mag zwar nicht angenehm sein, doch dafür ist es beruhigend.

Manche versuchen, mit ihren Gefühlen der Wertlosigkeit umzugehen, indem sie bestimmend und allzu forsch auftreten. Damit wollen sie sich und jeden in ihrer Nähe davon überzeugen, daß sie eben doch clever und selbstsicher sind. Innerlich jedoch kämpfen sie ständig mit dem Gefühl, ein hoffnungsloser Fall zu sein und nicht geschätzt zu werden.

Das äußere Erscheinungsbild kann ein Anhaltspunkt sein. Eine Frau, die sich gehen läßt, der es offensichtlich egal ist, wie sie aussieht, und die schmuddelige, unachtsam zusammengestellte Kleidung trägt, deren Haar unfrisiert ist und die sich durchhängen läßt, hat nur eine Botschaft an sich und die Umwelt: »Was soll's? Ich bin es nicht wert, daß man sich um mich kümmert.« Doch innerlich vermißt sie schmerzlich jemand, der ihr einmal sagt, sie sei etwas wert.

Aber man wundert sich andererseits auch, wie viele elegante, wohlgekleidete Frauen ihr mangelndes Selbstbewußtsein hinter einem gepflegten Äußeren verbergen. Eine schöne Frau mit Ausstrahlung mag durchaus davon überzeugt sein, daß sie rein gar nichts von Wert in dieser Welt beizutragen hat. Sie ist der Meinung, daß alles, was sie habe, ihr Körper und ihr Gesicht sei. Deshalb tut sie dann auch alles, um beides zu erhalten, umgetrieben von der Angst, älter zu werden und ihr Äußeres dahinschwinden zu sehen. *Wenn das passiert*, so denkt sie, *dann bleibt mir nichts mehr von Wert.* Solche Gedanken versetzen in Panik, und so schüttelt sie sie ab, indem sie einmal mehr zur Fitneßgymnastik geht oder sich das Gesicht straffen läßt.

Woher kommt aber mangelndes Selbstbewußtsein? Es gibt viele Ursachen, aber weitverbreitet sind die folgenden: Mangel an elterlicher Zuwendung, Unsicherheit aufgrund von zerbrochenen Familien und ständige Entmutigung durch Bemerkungen wie: »Du wirst es nie zu etwas bringen!« Andere meinen, sie seien zu dumm, um etwas zu lernen, oder sie leiden unter Hänseleien, weil sie auf irgendeine Weise anders sind als die Allgemeinheit: »Du hast ja vielleicht einen komischen Dialekt!« »Ist deine Hautfarbe etwa waschecht?« »Hallo, Fettsack!« Andere wieder sind einfach unter sehr ärmlichen Verhältnissen aufgewachsen, und ihnen fehlte es am Nötigsten: »Tut mir leid, Liebes, ich kann dir die Sachen nicht kaufen, weil wir nicht genug Geld haben. Du mußt schon mit dem auskommen, was du hast.« All das und viele andere Umstände können Menschen dazu bringen, sich wertlos und minderwertig zu fühlen, und dabei sind in manchen Fällen die Gründe gar nicht so offenkundig.

Ist es überhaupt wichtig, wie wir uns selbst sehen? Ist das alles vielleicht nur eine Modeerscheinung, die fixe Idee nämlich, alles in uns analysieren zu wollen? Warum lassen wir nicht einfach das Selbstbespiegeln und gehen zur Tagesordnung über? Vielleicht ist »Selbstwertgefühl« ja nur ein Schlagwort, auf das wir gut und gerne verzichten könnten!

Es ist ja so leicht, auf die faszinierenden Abwege der Amateurpsychologie zu geraten, wo wir ganz versessen auf Vergangenheitsbewältigung sind, nur noch damit beschäftigt, uns das Gehirn zu zermartern, warum wir so und nicht anders denken und handeln. Dabei sind wir ständig auf der Suche nach irgendeinem interessanten »Pickel«, an dem wir dann herumdrücken können. Die Gefahr besteht ganz real, zu endlosem Nachforschen in der eigenen Psyche unter dem Vorwand der »Inneren Heilung« verführt zu werden. Das ist aber eine Falle des Feindes, um uns vom eigentlichen Zweck unseres Daseins abzulenken, nämlich den Herrn zu verherrlichen, indem wir sein Licht in eine finstere Welt bringen. Wir können auf Dauer unsere geistlichen Impulse unterdrücken und uns dafür über unseren inneren Zustand Sorgen machen, so daß wir am Ende emotionale und geistliche Hypochonder werden. Unsere geistliche Kraft wird vergeudet, und unser Bild vom Reich Gottes schrumpft zusammen. Und was bleibt schließlich übrig? Ich und meine Bedürfnisse. Statt Überbringer der Liebe Gottes an die Welt zu sein, sind wir ständig davon abhängig, gestützt zu werden und über uns beten zu lassen.

In unserer englischen Bibel heißt es: »Wie (ein Mensch) denkt, so ist er« (Spr. 23,7). Das würde bedeuten, daß die Art und Weise, wie wir über uns selbst denken, unser Verhalten beeinflußt. Das Bild, das wir von uns selbst haben, wird dann auf folgendes Einfluß haben:

Unser Denken hat Einfluß auf unsere Beziehungen
Jesus hat uns gelehrt, daß wir unseren Nächsten wie uns selbst lieben sollen (Lk. 10,7). Ein Mann, der seine Frau liebt, liebt sich selbst (Eph. 5,28). Das heißt aber doch, daß Ihr Nächster und Ihr Ehemann leer ausgehen werden, wenn Sie sich nicht selbst lieben!

Unser Denken hat Einfluß auf unsere Erwartungen
3. Mose 13,33 erzählt, daß zehn der zwölf aus Kanaan zurück-
kehrenden Kundschafter berichteten, die Bewohner seien Rie-
sen. Sie sagten: »Wir waren in unseren Augen wie Heuschrek-
ken.« Diese Selbsteinschätzung raubte ihnen jede Sieges-
erwartung. Für sie war die Niederlage unausweichlich.

*Unser Denken hat Einfluß auf das, was andere von
uns erwarten*
Als die Zeit für Samuel gekommen war, einen König über Israel
zu salben, nahm Saul seinen Platz doch ziemlich würdelos ein.
Die Lage war mißlich: Er war nirgends zu finden! Die Leute
liefen hierhin und dorthin, bis sie ihn schließlich versteckt bei
seinem Troß fanden. Da holte man ihn von dort. Dieser großge-
wachsene, muskulöse Mann war offensichtlich schüchtern und
unsicher. Verständlicherweise beeindruckte das einige der Umstehenden nicht besonders, und sie sagten: »Wie soll der uns
retten?«

Unser Denken hat Einfluß auf das, was wir erreichen
Wenn wir nicht viel von uns selbst erwarten, dann setzen wir uns
keine großen Ziele. Im Gleichnis von den Talenten lehrte Jesus
nicht unmittelbar zum Thema »Selbstbewußtsein«. Aber der
Mann, dem das eine Talent gegeben wurde, verhielt sich wie
jemand, dem es an Selbstbewußtsein mangelt. Er verglich sich
selbst mit jenem, der die fünf Talente bekommen hatte, und mit
jenem, der zwei Talente besaß. Da kam er zu dem Schluß, es sei
nicht wert, sich um seins zu kümmern, und deshalb vergrub er
es. Anstatt das eine Talent in einem positiven Licht zu sehen,
fühlte er sich minderwertig und nutzlos. Indem er nun die
Möglichkeiten, die ihm immer noch offenstanden, nicht nutzte,
erreichte er am Ende gar nichts.

Ein geringes Selbstwertgefühl kann uns also geradezu ein-
kerkern und uns daran hindern, unser gottgegebenes Potential
voll auszuschöpfen. Dann brauchen wir ein erneuertes und
gesundes Selbstbewußtsein.

Was ist das aber? Es gibt in diesem Zusammenhang Verwirrung, weil einige von uns der Meinung sind, es sei richtig, ein

eher bescheidenes Bild von sich selbst zu haben. Einerseits beobachten wir, daß ja auch Jesus bescheiden und demütig war, ein Diener; und man sagt uns doch, wir hätten wie er zu sein. Andererseits werden wir ermahnt, den Sieg in Anspruch zu nehmen und Überwinder zu sein. Uns wird gesagt, Frauen hätten sich unterzuordnen, und im gleichen Atemzug heißt es, sie sollten sich aufmachen und ihren Platz einnehmen. Schließen sich Demut und Selbstvertrauen denn gegenseitig aus?

Bei Paulus lesen wir in Römer 12,3, daß jeder von uns nicht höher von sich zu denken habe, als ihm zusteht, daß aber jeder dafür »besonnen« sein soll. Ich habe nun allerdings den Eindruck, daß sehr wenige Frauen dazu neigen, zu »hoch von sich zu denken«. Viel öfter ist ihr Selbstwertgefühl wohl eher zu niedrig. Worauf gründen wir nun aber unser »besonnenes« Urteilen?

Es hätte nicht viel genutzt, wenn jemand dahergekommen wäre, um der armen Frau zu helfen, und sie ermahnt hätte, doch etwas mehr Sieger zu sein und nicht mehr soviel über sich selbst nachzudenken. Nein, sie brauchte ganz praktische Hilfe, nämlich die Heilung ihrer Gebrechen. Aber das allein reichte nicht aus. Sie brauchte jemand, der ihr mit Beachtung und Mitleid entgegentrat, der ihr das Gefühl gab, anerkannt zu sein und wieder Würde zu haben. Glücklicherweise begegnete sie dem, der in der Lage war, all das zu vollbringen.

Wie schaffen wir es, eine negative Einstellung uns selbst gegenüber umzuwandeln in eine positive und ausgewogene? Paulus sagt uns in Philipper 2,5: »Diese Gesinnung sei in euch, die auch in Christus Jesus war.« Welche Gesinnung ist hier gemeint? Welches Bild von sich selbst hatte Jesus? Das ist es, was wir jetzt wissen müssen.

Im Gegensatz zu dem, was man hier und da hört, mußte Jesus keine Identitätskrise durchmachen. Er wußte ganz genau, wer er war: Gott gleich, gesandt von Gott, Gott im Fleisch. Er war sich seiner Identität vollkommen sicher, und deshalb mußte er sie auch nicht sich selbst und anderen beweisen. Allerdings machte ihn die Erkenntnis, Gottes Sohn zu sein, auch nicht arrogant. Vielmehr gelang es ihm auf wunderbare Weise, tiefe Demut mit vollkommenem Selbstvertrauen in Einklang zu bringen.

Stellen wir uns Jesus beim Abendmahl vor. Wir sehen ihn, wie er seine Jünger empfängt, die für drei Jahre seine engsten Wegbegleiter waren. Es war ein ganz besonderes Mahl in vertrauter Atmosphäre, das letzte, bevor er die Welt verlassen würde. Dabei war er sich voll und ganz seiner Macht, Identität und seines Schicksals bewußt. Schließlich stand Jesus vom Abendessen auf, »im Bewußtsein, daß der Vater ihm alles in die Hand gegeben und daß er von Gott ausgegangen war und zu Gott hingehe« (Joh. 13,3). Wie bemerkenswert war doch die Rede, die er daraufhin hielt! Was für ein atemberaubendes Wunder vollbrachte er nun! Welche übernatürliche Handlung vollzog er aufgrund seines Wissens! All unseren Erwartungen zum Trotz entledigte er sich seines Obergewandes, band sich ein Handtuch um und wusch seinen Jüngern die Füße. »Aber er machte sich selbst zu nichts und nahm Knechtsgestalt an . . . (und) erniedrigte . . . sich selbst« (Phil. 2,8).

Er diente aus einer inneren Gelassenheit heraus. Bei ihm gab es nicht das hektische Dienen jener, die verzweifelt darauf aus sind, bemerkt zu werden. Bei ihm gab es kein Dienen, das scheinbar für andere ist, in Wirklichkeit aber dem Bedürfnis entspringt, gebraucht zu werden. Es war bei ihm nicht der Versuch, nach Anerkennung zu heischen, um Minderwertigkeitsgefühle zu überdecken. Bei ihm war es nicht das sklavische Bemühen, jemand zum Gefallen zu sein und Schuldgefühle zu befriedigen. Und sicher war es bei ihm nicht die gekünstelte Zurschaustellung von Demut, um andere zu beeindrucken. Jesu Dienst war echt, gewurzelt in dem sicheren Wissen, wer er war. Das heißt aber, daß auch seine Demut echt war und er uneigennützig handelte. Was er tat, war für andere, nicht für ihn selbst.

Jesu Handeln war aber auch wohl kalkuliert. Es hatte Vorbildfunktion. Und er wollte damit seinen Jüngern vor Augen führen, daß Dienen seine eigene Würde hat, wenn es richtig motiviert ist. Jemand, der sich sicher fühlt und sich um seine Identität keine Gedanken zu machen braucht, hat keine Schwierigkeiten zu dienen. Ihm geht es nicht darum, sein Image zu pflegen.

»Diese Gesinnung sei in euch« (Phil. 2,5). Welche Gesinnung ist hier gemeint? Jesus war immerhin eine Persönlichkeit

– jemand mit höchster Machtausstattung und Autorität. Er hatte nun wirklich das Recht, als Würdenträger beachtet zu werden, doch er lehnte es ab, dies in Anspruch zu nehmen. Er nahm seine Sonderstellung nicht ein und wurde ein Niemand. 30 Jahre lang lebte er im Verborgenen, und am Ende mußte er verachtet und verstoßen sterben. Indem er sich mit all denen identifizierte, die im Laufe der Menschheitsgeschichte sich wie ein Niemand vorkamen, ebnete er ihnen den Weg, daß sie Menschen werden konnten, die etwas darstellen.

Unser Hauptproblem besteht darin, daß wir schon zu lange Zeit schlecht von uns gedacht haben und daß damit unser ganzes Denken immer noch an dem Glauben festhält, wir seien ein Niemand. Vielleicht haben wir ja das großartige Evangelium empfangen und sind von der Sünde befreit worden, und doch verachten wir uns möglicherweise immer noch und meinen, selbst Gott verachte uns.

Der Feind kann uns zwar die Erlösung nicht nehmen, aber er kann versuchen, die Freude daran zu rauben, indem er uns Lügen über uns selbst einflüstert. Wenn wir ihm ständig zuhören, werden wir irgendwann doch das glauben, was er sagt. Das Bild, das wir allmählich von uns gewinnen, wird ganz falsch, zumindest aber verzerrt sein. Wissen sollten wir statt dessen, was Gott nun wirklich von uns hält. Wenn wir sein Urteil in Erfahrung bringen, dann werden wir in der Wahrheit wandeln, und die Wahrheit wird uns frei machen.

Glaubt Gott denn wirklich, daß wir elende Sünder sind, hoffnungslose Versager und armselige Würmer? So viele von uns glauben das. Wir haben das Gefühl, er schwebe über uns wie eine bedrohliche dunkle Wolke, nur darauf wartend, daß wir die Linie übertreten, um dann mit Blitz und Donner über uns herzufallen!

Die Wahrheit ist, daß wir früher einmal Gefangene waren, hoffnungslos, blind und verkrüppelt. Aber Jesus hat verkündet, daß er gekommen sei, um die Gefangenen freizusetzen, die Augen der Blinden zu öffnen und die Krüppel vor Freude springen zu lassen! Er sieht uns jetzt nicht mehr, wie wir einmal waren, sondern wie wir geworden sind.

In Psalm 45 ist nach meinem Empfinden am allerschönsten dargestellt, wie Gott uns Frauen sieht. Es ist ein Lied überschäumender Freude, ein Lied des Staunens, das die ehrfurchtgebietende Majestät des Königs beschreibt. Aber wer steht da an seiner Seite? »Die Königin steht zu deiner Rechten in Gold von Ophir« (Vers 9). Wer ist diese schöne, königliche Gestalt? Man kann in ihr die Gemeinde sehen, die Gemeinschaft der »Herausgerufenen«, erwählt vom König der Könige, seine Braut zu sein, seine Gemahlin, diejenige, der er seine königliche Herrschaft anvertraut hat. Ich glaube allerdings, daß jede christliche Frau sich selbst mit Recht als eine Königin betrachten kann.

Wie Königin Ester hatten wir nichts vorzuweisen, was uns empfahl, aber der König schaute uns an, und er wollte, daß wir ihm gehörten. Er erwählte uns und schenkte uns seine Liebe. Er schämte sich unserer nicht, sondern erklärte stolz: »Du bist mein.« Und damit setzte er uns das königliche Diadem aufs Haupt.

Wie verhält sich jene Königin im Psalm? Sie steht aufrecht da. Sie ist selbstsicher und weiß, daß sie ein Recht hat, in der Gegenwart des Königs an seiner Seite zu stehen. Sie ist nicht verlegen oder innerlich beunruhigt, daß sie eine so bedeutende Stellung einnimmt. Sie hatte keine Angst davor, plötzlich als Hochstaplerin entlarvt zu werden. Sie steht da, würdig und majestätisch gelassen, auf einem Territorium, das ihr zusteht, dicht beim König, der sie liebt.

Wo steht sie? Zu seiner Rechten. Das ist eine gewaltige Aussage. Sie ist nicht auf dem Thron oder davor oder dahinter oder zurückgehalten durch einen Vorhang. Nein, sie steht zur Rechten des Königs. Wenn wir uns andere Stellen in der Schrift ansehen, wo diese Wendung auch noch vorkommt, dann werden wir feststellen, daß es der Platz für delegierte Autorität ist. Die »rechte Hand« ist beauftragt zu handeln. Im selben Psalm lesen wir: »und furchtbare Taten lassen dein Arm dich schauen« (Vers 5). Jesus hat den Thron zur Rechten des Vaters eingenommen. Es ist der Platz höchster Verantwortlichkeit, aber auch größer Intimität und Nähe.

Wie kann eine Frau es überhaupt wagen, nach solch einem Platz zu streben? Die Antwort lautet: Das ist gar nicht mehr nötig, er ist ihr bereits zugewiesen! Wir sind Königinnen aufgrund unserer Beziehung zum König. Sie ist nicht verdient, man kann sie nicht erzwingen oder darum kämpfen. Die Beziehung ist einfach da, wenn wir nur die Verbindung zum König aufnehmen. Und das zeigt doch, wie hoch er uns einschätzt!

Was trägt sie? Sie trägt königliche Gewänder. Und sie hat sich nicht etwa nur verkleidet, um einmal zu sehen, wie man sich darin fühlt. Die Kleider sind nicht geliehen, sondern sie gehören ihr. Sie hat das Recht, königliche Gewänder zu tragen, denn sie ist die, die sie darstellt! Sie ist mit sich selbst im Frieden und hat akzeptiert, daß sie durch ihre Heirat mit dem König einen neuen Titel, eine neue Identität, bekommen hat.

Der Psalmist hat sehr nachdrückliche Ratschläge für sie: »Höre, Tochter, und sieh, und neige dein Ohr; und vergiß dein Volk und deines Vaters Haus« (Vers 11). Warum das? Soll sie sich ihrer Vergangenheit schämen? Gibt es da etwas zu verbergen?

David hatte einige Frauen und Salomo hunderte. Sie kamen aus verschiedenen Kulturen und Nationen, und die Verhältnisse, aus denen sie kamen, waren sehr unterschiedlich. Stellen Sie sich vor, wie schwierig es gewesen wäre, wenn diese Prinzessinnen aus aller Herren Länder darauf bestanden hätten, ihre eigenen Sitten und Gebräuche beibehalten zu können, oder gar versucht hätten, sie anderen aufzuzwingen. Sie mußten also lernen, wenn sie den König von Israel heirateten, ihre eigene Nationalität abzulegen und eine neue zu übernehmen.

Wenn ich die Gelegenheit habe zu reisen, macht es mir viel Freude, christliche Frauen aus vielen fremden Ländern kennenzulernen. Dabei stelle ich immer wieder fest, daß es tatsächlich eine Einheit gibt, die unsere verschiedenen Kulturen und Lebensstile überspannt. In erster Linie sind wir gar nicht Bürgerinnen Großbritanniens, Indiens, Amerikas oder Afrikas, sondern Bürgerinnen des Himmels. Jesus liebt uns, gleich, welcher Nationalität wir angehören. Er verleiht uns eine ganz neue Staatsbürgerschaft, die ewig währt. Da ist kein Platz für Überlegenheitsgefühle oder Minderwertigkeitskomplexe, was unsere Nationalität angeht.

Aber es gibt doch einige Frauen, die sich wegen ihrer familiären Herkunft gebrandmarkt fühlen. »Vergiß . . . deines Vaters

Haus.« Das sind Frauen, die fühlen sich besudelt, weil sie mißbraucht und vielleicht sogar vom eigenen Vater oder von nahen Verwandten behelligt worden sind. Manche fühlen Schmerz und Schuld, weil die Ehe ihrer Eltern auseinandergebrochen ist oder weil sie unehelich sind und sie niemals die Liebe und den Schutz des Vaters kennengelernt haben. Doch nun, da sie vom König der Könige erwählt worden sind, sind sie Pfleglinge eines anderen geworden und seiner Autorität zugewiesen. Sie gehören einer neuen Familie an. Der König hat die alten Lumpen von Schuld und Schande durch goldene Gewänder ersetzt. Er bedeckt die alten Wunden mit Salböl und Myrrhe. Gott schätzt Sie. Sehen Sie sich also selbst mit seinen Augen, und akzeptieren Sie, wie er Sie einschätzt und bewertet.

»Wer bin ich eigentlich?« – Wie beantworten Sie diese Frage? Oft genug benutzen wir Etiketten, um uns selbst zu beschreiben. Da gibt es die verwandtschaftlichen Etiketten: »Ich bin Werners Frau« – »Ich bin Davids Mutter« – »Ich bin Marias Schwester.« Dann die Berufsetiketten: »Ich bin Lehrerin« – »Ich bin Sekretärin« – »Ich bin Krankenschwester.« Schließlich sind da noch die Etiketten für die verschiedenen Lebensabschnitte: Kind, Teenager, Auszubildende, Absolventin, Verlobte, Ehefrau, Großmutter. In gewisser Weise geben uns diese Sammelbegriffe Sicherheit, und wenn unser persönliches Etikett fortgenommen oder verändert wird, fühlen wir uns bedroht und orientierungslos.

Frauen z.B., die so daran gewöhnt sind, die meiste Zeit zu Hause zu verbringen und die Kinder zu versorgen, können sich ganz entwurzelt fühlen, wenn das letzte der Kleinen in die Ganztagsschule geht. Plötzlich gerät ihr ganzer Lebensinhalt ins Wanken. Statt sich zu freuen, fühlen sie sich möglicherweise nutzlos und niedergeschlagen. Ihre Sicherheit war an ein Etikett geknüpft: Vollzeitmutter. Nun, da es damit vorbei ist, füllen sie das entstandene Vakuum eilig aus. Sie suchen sich einen Job, um damit ein neues Etikett zu bekommen, damit das Selbstwertgefühl ja nicht beschädigt wird.

Manche fühlen sich allerdings von einer Identität gefangen, die ganz und gar belanglos, langweilig, steril und monoton zu sein scheint. Vielleicht hat die Ehe jede Farbigkeit verloren, und die Arbeit ist erdrückend. Es gibt keine Herausforderungen mehr, nur noch die Aussicht auf nicht enden wollende Eintönigkeit. Da sieht man sich selbst schnell als unwichtig und bedeutungslos.

Wir brauchen eine dauerhafte und tragfähige Identität, die uns ein Gefühl der Sicherheit gibt und das Gefühl, daß wir mit uns selbst im reinen sind. Aber sie sollte nicht starr und statisch werden und jede Aussicht auf Wachstum und Ausbreitung nehmen.

Gibt es überhaupt solch eine tragfähige Identität? Eines Tages im letzten Frühjahr begriff ich, daß ich sie tatsächlich schon gefunden hatte. Poppy, eine meiner liebsten Freundinnen, die mir, wie allen anderen, eine ständige Bereicherung und Freude war, kam zu mir zum Kaffee. Wir unterhielten uns über die Rollen, die wir im Leben spielen. Und dabei fragte sie mich plötzlich: »Als was siehst du dich eigentlich gerade jetzt in diesem Augenblick?«

Wir schwiegen eine Weile, während ich überlegte. Ich dachte an die verschiedenen »Hüte«, die ich mir aufsetzen konnte: Terrys Frau? (Ein Riesenhut, denn so viele Aktivitäten sind darunter unterzubringen!) – Mutter von fünf Kindern? (Ein weiterer ziemlich großer Hut, der aber schon ziemlich mitgenommen aussieht.) – Sprecherin auf Veranstaltungen für Frauen? (Ein respektabler Hut?) – Organisatorin von Konferenzen? (Dieser administrative Hut steht mir im Grunde gar nicht gut.) – Fitneßfan? (Den trage ich in letzter Zeit gar nicht so oft, leider.) – Gabenträgerin? (Ein Heiligenschein?) – Autorin? (Ein neuer, schmucker Hut, mit dem ich mich gar nicht so recht wohl fühle.) Wer bin ich nun eigentlich? Welcher dieser Hüte ist so ganz Ausdruck meiner selbst?

Ich dachte zurück an eine abendliche Gebetsstunde ein paar Tage zuvor. Es war ein anregender Abend gewesen, einer von vielen während einer Gebetswoche. Der Saal war überfüllt mit Menschen, die voller Hingabe beteten. Die Veranstaltung sollte eigentlich schon beendet werden, als plötzlich eines unserer Mitglieder nach vorn kam. »Ich muß euch ein Bild beschreiben, das ich gesehen habe«, verkündete er. Er war sehr aufgewühlt, und alle lehnten sich erwartungsvoll vor.

»Ich sah einen Fluß, der vom Thron Gottes herabkam, und ständig schäumten drei Worte daraus hervor. Es waren: Erfolg, Sieg und . . . « Er stockte. »Jetzt kann ich mich nicht erinnern. Was war es denn bloß?« Er schlug sich mit der Faust gegen die Stirn. Wir wollten es doch nun auch wissen. »Los, Doug, erinnere dich.« Und dann fiel es ihm wieder ein: »Jetzt weiß ich, was es war: Gewinner! Ja, das war es! Gott will uns sagen, daß wir, wenn wir uns im Fluß des Lebens befinden, Erfolg und Sieg haben und Gewinner sind!«

Dieses Bild, änderte radikal meine Sicht. »In Christus« war für mich kein abgegriffenes Klischee mehr, das einfach so zum christlichen Wortschatz gehört, sondern es wurde mir ganz und gar lebendig. Ich bin »in Christus«, das ist meine Adresse, meine Identität, mein Leben. »Mein Leben ist geborgen mit Christus in Gott.« Ich bin in ihm, in jenem Wasser des Lebens. Jesus ist Überwinder, er hat den Sieg errungen. Was immer er in Gang setzt, trägt Früchte. Sein ist nicht die Niederlage, sondern das Gelingen! Ich bin in ihm, und sein Leben ist in mir! Ich bin Gewinner, weil er es ist.

Nun wandte ich mich wieder an Poppy. »Weißt du«, sagte ich, »es spielt für mich gar keine Rolle mehr, welches Etikett ich gerade trage oder wie ich mich jeweils nenne. Ich bin ›in Christus‹, und das bedeutet, daß alles, was er mir zu tun gebietet, sich fruchtbar auswirken wird. Da spielt es gar keine Rolle, welchen meiner ›Hüte‹ ich gerade trage. Es ist nicht mehr wichtig, ob ich mit etwas »Hochkarätigem« in der Öffentlichkeit beschäftigt bin und z.B. einen Vortrag halte, oder ob ich Makkaroni mit Tomatensoße koche. Meine Identität ändert sich damit nicht. Ich bin und bleibe in Christus. Ich kann ein Gewinner sein, ob ich für die Kranken bete oder das Spülbecken scheuere! Ich bin Sieger, weil Jesus Sieger ist und ich in ihm bin.«

Das ist so wunderbar befreiend. Es nimmt mir all den Zwang, unbedingt jemand sein zu wollen. Ich muß mich nicht darum bemühen, meine Rolle zu definieren. Ich ruhe einfach in dem, was Christus ist. Sein ganzer Sieg wird mir übertragen, sein Auferstehungsleben steht zur Verfügung, um auch mich mit Lebensenergie auszustatten. Und dabei habe ich keinen Handschlag getan, um es mir zu verdienen! Ich wurde durch die Gnade Gottes wiedergeboren, und schon befand ich mich im Fluß des Lebens.

Hören Sie auf, alles mögliche anzustellen, nur um sich eine Identität zu schaffen. Das hat Jesus für Sie schon erledigt. Machen Sie einfach bei ihm mit. Er ist ein Gewinner, und Sie sind in ihm.

8

Freiheit zur Aufrichtigkeit

»Heute abend ist Hausbibelkreis«, dachte Saphira. »Ich werde zusehen, daß das Abendessen fertig ist, wenn Ananias heimkommt, sonst kommen wir noch zu spät.« Als sie eilig kochte und rührte, dachte sie an die Leute im Kreis und besonders an den Ältesten, der kommen sollte – Barnabas.

Alle liebten Barnabas. »Warum nur?« fragte sie sich. Es lag sicher daran, daß auch er die Menschen liebte. Er richtete sie auf, wenn sie betrübt waren, und lachte mit ihnen, wenn es ihnen gut ging. Auch lehrte er sie geduldig und ermahnte sie zuweilen mit aller Sanftmut, wenn ihre Einstellung einer Korrektur bedurfte. Saphira fühlte sich ein wenig eingeschüchtert von ihm. Er konnte sehr geradeheraus sein, und das war sie nicht gewöhnt. Sie und Ananias hatten eine Geschicklichkeit dabei entwickelt, Problemen aus dem Weg zu gehen und sich aus Zwangslagen herauszuwinden. Wie fast alle schwachen und fehlbaren menschlichen Wesen wollten sie geliebt und bewundert werden. Das war ja an sich nicht verkehrt. Aber sie hatten eins nicht gelernt: Freundschaften und Ansehen lassen sich nicht auf Äußerlichkeiten und oberflächliche Gesten gründen, sondern allein auf Charakterfestigkeit.

Saphira hatte nicht begriffen, worin sich die Einstellung von Barnabas und ihre Sicht der Dinge unterschieden. Während er ganz und gar vertrauenswürdig war und man sich auf sein Wort verlassen konnte, redeten sie sich heraus, wann immer es nötig war. Was sie äußerten, war oft genug fragwürdig. Und was sie als wahr bezeichneten, stellte sich allzubald als eigene Interpretation heraus.

Barnabas war ein guter Hirte. Er kümmerte sich um jedes kranke Schaf und betete für dessen Gesundheit. Er versuchte, Ananias und Saphira darin zu bestärken, Selbstvertrauen zu entwickeln, und ihnen so viel Geborgenheit zu vermitteln, daß sie ihre Nöte ohne Furcht äußern konnten. Aber es fehlte ihnen der Mut, sich der Selbsterkenntnis zu stellen. Sie waren sicher Christen – sie waren errettet. Aber anstatt sich vertrauensvoll dem neuen Fluß des Lebens anzuvertrauen und sich dort hinein-zugeben, fuhren sie fort, aus ihrem früheren, verschmutzten Strom zu trinken. Von dorther hörten sie nämlich noch immer die Stimme rufen: »Verliert euch nicht ganz an diesen neuen Lebensstil. Wer weiß, wo das alles hinführt. Haltet euch ein Hintertürchen offen. Tut so, als wärt ihr ganz bei der Sache, behaltet euch aber noch etwas vom Alten. Ihr müßt schließlich erst einmal an euch selbst denken.«

Barnabas hatte alles versucht, sie zu einem größeren Vertrau-en in den Herrn und sein Wort zu bewegen, aber sie reagierten darauf nicht. Der saubere Fluß des Lebens wurde getrübt durch diesen anderen Strom, und so waren die Früchte, die daraus entstanden, ungenießbar: Lügen, Ausflüchte, Kompromisse und störrisches Verhalten.

Im großen und ganzen erlebte die Gemeinde eine grandiose Zeit. Täglich kamen Menschen mit den verschiedensten Lebens-schicksalen hinzu. Gestrandete Existenzen empfingen Gottes Barmherzigkeit und Vergebung; das Leben vieler änderte sich; es ereigneten sich körperliche Heilungen, und überschwengli-che Freude war allenthalben zu spüren. Gottes Herrschaft ereig-nete sich unter den Menschen durch Gerechtigkeit, Friede und Freude. Die hinzugetretenen Gläubigen wuchsen zu geistlicher Reife heran. Vom ersten Augenblick an empfingen sie die Lehre der Apostel. Sie beteten und brachen das Brot zusammen, und ihre tiefe Verbundenheit hinterließ ihre Spuren im täglichen Leben. Aber sie waren nicht nur eifrig darauf bedacht, die Frohe Botschaft einander zu sagen, es war ihnen auch ein Herzensan-liegen, alle materiellen Güter zu teilen.

Die meisten blühten auf in dieser Atmosphäre; einige wenige, wie Ananias und Saphira, fühlten sich jedoch bedroht durch soviel aufrichtige und von Herzen kommende Gemeinschaft. Sie fürchteten, ihre bisher noch nicht offenkundigen Schwächen könnten ans Tageslicht kommen, so daß man sie nicht mehr achten würde. Ihre Furcht vor Zurückweisung ließ sie zu Zaungästen werden. Sie hatten schon zuviel erlebt, um ganz und gar die Flucht ergreifen zu können, aber waren argwöhnisch genug, um sich nicht ganz hineinziehen zu lassen.

Viele der neuen Gemeindeglieder waren ziemlich arm, deshalb hatten sie auch nichts zu verlieren, wenn alle Güter zusammengetan wurden. Tatsächlich gewannen sie beträchtlich dazu. Die Wohlhabenderen brachten ihre Hingabe an den Herrn zum Ausdruck, indem sie viele Waisen, Witwen und andere benachteiligte Menschen unterstützten. Sie gaben mit Freude, weil sie ihren Besitz nicht als etwas ansahen, was sie für sich selbst behalten sollten. Vielmehr »war ihnen alles gemeinsam«. Es ging das Gerücht um, Barnabas habe ein wertvolles Stück Land verkauft und den ganzen Erlös den Aposteln zu Füßen gelegt, darauf vertrauend, daß sie schon das Beste aus dem Geld machen würden.

Ananias und Saphira staunten nicht schlecht, als sie diese Neuigkeit hörten. Barnabas stieg in ihrem Ansehen noch eine Stufe höher. Das Ganze ging ihnen deshalb so nahe, weil auch sie in Verhandlungen standen, etwas von ihrem Land zu verkaufen. Doch nun fühlten sie sich unter Druck gesetzt. Wenn es herauskommen würde, daß sie das Land verkauft und alles Geld behalten hatten, so würde man sie mit Barnabas vergleichen und ihnen vorhalten, daß sie nicht genauso freigebig wie er waren.

Aber unter ihre Bewunderung für Barnabas mischte sich auch Irritation. Fanden sie doch, er habe einen zu hohen Maßstab für alle gesetzt. Andererseits war es eine so großartige Geste! Es war eine Tat, für die ihm öffentliche Anerkennung und Ehre gebührten. Und die beiden beneideten ihn für die Wertschätzung und Anerkennung, die es ihm einbrachte. Wie schön wäre es doch, so respektiert zu werden, im gleichen Atemzug genannt zu werden wie der geehrte und beliebte Barnabas!

Als sich die Verhandlungen über den Landverkauf hinzogen, diskutierten Ananias und Saphira darüber, was sie mit dem Geld anfangen sollten.

»Wir könnten es ja alles weggeben«, sagte Saphira eines Abends ohne Umschweife. »Schließlich kommen wir mit unserem jetzigen Einkommen recht gut über die Runden. Wenn wir es behalten, müssen wir bestimmt Steuern dafür zahlen.«

Ananias runzelte die Stirn. Ihm war nicht wohl bei dem Gedanken. »Ich weiß nicht so recht. Wir reden über eine hübsche Summe Geld. Und dann haben wir das Grundstück doch auch von meiner Mutter geerbt. Wäre das in ihrem Sinne?«

Saphira wich aus und fragte ein wenig berechnend: »Was sollen wir denn damit machen?«, um schließlich gleich ein paar Vorschläge anzufügen: »Ein paar neue Kleider wären schon toll. Wir könnten aber auch eine schöne Reise machen und den Rest für unsere Enkel anlegen.«

Ananias war ganz erschrocken. »Was würden Petrus und Barnabas und all die anderen denken?« rief er aus, er, der immer auf sein Ansehen bedacht war. »Sie wären sprachlos bei soviel Egoismus! Es wäre nicht geistlich genug! Du weißt doch, das christliche Leben hat immer etwas mit Selbstverleugnung zu tun, immer muß man das Kreuz auf sich nehmen. Da paßt keine Ferienreise hin. Ich würde ja nie Hauskreisleiter werden und hätte niemals etwas zu melden!«

»Na gut«, fuhr seine Frau fort, »wenn du nicht alles weggeben und auch nicht alles behalten willst, warum geben wir dann nicht etwas und behalten den Rest?«

Aber der kleinmütige Ananias hatte nur eine Antwort darauf: »Das würde keinen guten Eindruck machen.« Er wollte doch so sehr geschätzt und geehrt werden wie Barnabas, aber den Preis dafür mochte er dann doch nicht zahlen, das hieße ja, sich einer entsprechenden Disziplin unterzuordnen und ein Ehrenmann zu werden. Er wollte sein Stück vom Kuchen für sich allein, wollte Teil des Leibes sein, aber dabei seine Unabhängigkeit bewahren. Ja, dem Herrn wollte er wohl folgen, aber nicht sein Kreuz auf sich nehmen, und das ewige Leben gerne haben, aber nicht dafür sich selbst sterben.

Und wieder einmal kam ihm ein Kompromiß zu Hilfe. Ja, er würde tun, was seine Frau vorgeschlagen hatte – etwas geben und etwas behalten. Das konnte niemand übelnehmen. »Wir müssen ja nicht jedem gleich erzählen, daß wir auch etwas behalten haben«, sagte er zu Saphira. »Sie können ruhig glauben, daß wir das ganze Grundstück spenden.«

Saphira sah ihn mit zusammengekniffenen Augen an. Sie wußte genau, was in ihrem Mann vor sich ging. Er war nicht der Typ, für den es nur alles oder nichts gab. Er lebte von seiner Gewitztheit, war clever, aber schwach, immer darauf aus, sich ein Hintertürchen offenzulassen.

Dies war der Moment, da Ananias und Saphira sich noch hätten befreien können. Warum haben sie sich nicht entschlossen, offen und ehrlich zu sein? Hielt der Himmel den Atem an und wartete auf solch einen Wandel des Herzens? Es war im Grunde genommen gar nicht so wichtig, was sie letztlich mit dem Geld taten. Sie hatten immerhin drei Möglichkeiten, die man durchaus als rechtmäßig empfinden konnte: Sie hätten sich ihrer Furcht entledigen, auf Gott vertrauen und alles weggeben können, denn er hat unendlichen Segen verheißen. Sie hätten aber auch Gott dafür danken können, um dann ohne Angst vor einer Verurteilung die ganze Summe zu behalten. Genauso hätten sie versuchen können herauszufinden, wo die Not am größten war, um einiges vom Erlös mit Geschwistern zu teilen.

Der, der das Vieh auf tausend Hügeln besitzt und aus Steinen Brot machen kann, war nicht sonderlich an ihrem Geld interessiert! Vielmehr ging es Gott um die Motive ihres Herzens. Er wollte, daß dieses Paar es zuließ, sich formen zu lassen wie Ton in des Töpfers Hand zum Ebenbild des Sohnes. Würden sie noch aus dem Zwielicht von Gerissenheit und Betrug heraustreten ins Licht? Würden sie wenigstens einmal in ihrem Leben von Herzen Gott suchen und nach seinem Willen bezüglich des Geldes und seiner Bestimmung fragen, um dann zu tun, was er sagt?

Der Herr konnte niemals ein Geschenk entgegennehmen, an dem Spuren seines Erzfeindes hafteten. Die Schlange ist die Quelle allen Betruges. Sie haßt bedingungslosen und ungeheuchelten Gehorsam. Der Teufel ist der Vater der Lüge, der die Wahrheit beugt und schon immer Rechtschaffenheit verunstalten und Gerechtigkeit verdrehen konnte. Hat denn nicht der Vater den Sohn gesandt, um das Verbogene zu glätten?

Oh, Ananias und Saphira, seid auf der Hut vor der List des Feindes! Beschmutzt nicht die noch jungfräuliche Gemeinde!

Saphira atmete einmal tief durch und sah Ananias direkt ins Gesicht. »Ich sage es niemand weiter, wenn du es willst«, versprach sie ihm.

Ein paar Wochen später näherte sich Saphira noch guten Mutes dem Raum, wo sich die Gemeinde oft zum Gebet traf. Die Männer hatten sich schon früh am Morgen versammelt, und die Frauen wollten sich dann später nach dem Essen zu ihnen gesellen. Doch ein paar Schritte von der Tür entfernt hielt sie inne. Plötzlich fühlte sie sich verunsichert. Irgend etwas stimmte nicht.

Petrus kam ihr entgegen und legte ihr seine Hand auf die Schulter. Alle Blicke richteten sich auf sie. »Saphira«, sagte er, »ich möchte dich etwas fragen.« Beunruhigt sah sie ihn an. Etwas Ernstes? Was war denn los?

»Sag mir, als du und Ananias Land verkauftet und den Ältesten das Geld übergabt, war das alles, was ihr dafür bekommen hattet?«

Sie vermuten etwas, dachte sie. *Aber wie sind sie darauf gekommen?* Nervös schaute sie umher. Sie schluckte und versuchte, ihre zitternden Hände unter Kontrolle zu halten, während ihr alle möglichen Gedanken durch den Kopf schossen. Sie überlegte, welche Möglichkeiten ihr blieben. *Wenn ich sage: ›Nein, wir haben auch etwas behalten‹, dann wirkt unsere Gabe gar nicht mehr so nobel. Für geizig wird man uns halten, und als Lügner werden wir dastehen. Und schließlich haben Ananias und ich uns auf eine Version geeinigt. Davon kann ich jetzt nichts mehr zurücknehmen; es wäre zu peinlich, und Ananias wäre auch sehr verärgert. (Wo steckt er eigentlich?) Nein, ich bleibe lieber bei unserer Geschichte und rede mich damit heraus.* Sie warf den Kopf nach hinten und zwang sich zu einem Lächeln. »Ja«, sagte sie rundheraus, »das war der ganze Erlös.«

Augenblicklich wurde ihr klar, daß sie etwas Falsches gesagt hatte. Ein eisiges, geradezu ersticktendes Schweigen lag über den Versammelten, und Petrus seufzte vernehmlich. »Warum habt ihr euch diese Geschichte ausgedacht?« fragte er. »Habt ihr wirklich geglaubt, ihr könntet mit voller Absicht versuchen, die Gemeinde zu betrügen, und dann auch noch davonkommen? Das ist ja nicht nur gegen uns gerichtet, sondern ihr stellt auch den Heiligen Geist auf die Probe, und der wird Betrug bestimmt nicht durchgehen lassen.«

Sie sah ihn wie betäubt an und begriff schockiert den Ernst ihres Handelns. Bei all ihren Gesprächen hatten Ananias und sie niemals daran gedacht, daß ein Beugen der Wahrheit immer auch eine »Sünde gegen den Heiligen Geist« war. Sie hatten überhaupt nicht bedacht, daß das Belügen des Leibes Christi den entehrt, der von sich gesagt hat: »Ich bin die Wahrheit.« Es war ihnen immer nur um ihr eigenes Ansehen und ihre Sicherheit gegangen. Der Gedanke war ihnen nicht gekommen, daß die Gemeinde, die ja heilig, gerecht und unbefleckt sein sollte, durch ihr Verhalten Schaden nehmen würde.

Sie hörte Schritte draußen. Petrus hörte sie auch. »Das sind die Männer, die vom Friedhof kommen«, ließ er sie wissen. »Sie haben deinen Mann begraben, und sie werden dich hinaustragen und auch dich begraben.« Augenblicklich fiel auch sie zu Boden. Als die Männer hereinkamen, wickelten sie sie in ein Tuch ein, trugen sie hinaus und begruben sie neben ihrem Mann, in einem Grab, das sie schon drei Stunden zuvor ausgehoben hatten.

Der Apostel Petrus hatte Gottes Gericht über Lügen, Betrug und faule Kompromisse verkündet. Das Zepter der Gerechtigkeit ist das Zepter des Gottesreiches. Die Gemeinde muß die ausführende Kraft sein, durch die Gott seine Herrschaft errichtet; sie muß die Stadt auf dem Berge sein, durch die die ganze Menschheit sein Grundgesetz für das Leben erfährt. Die Gemeinde muß das Licht in einer finsteren und verdorbenen Welt sein, muß »anders« sein – eine Lilie unter den Dornen – eine andere Gattung – ein Wohlgeruch – strahlend und schön anzusehen.

Alles, was die Reinheit der Gemeinde beeinträchtigt, stellt das »Anderssein« schon in Frage. Die Gemeinde ist anders! Sie setzt sich aus denen zusammen, die wiedergeboren worden sind, die die alte Natur abgelegt und eine neue angelegt haben. Jeder, der diese Reinheit besudelt, provoziert die Frage: »Wem gehörst du an?« Der Teufel ist der Vater der Lüge, dessen Betrug an Eva einen Fluch über die ganze Schöpfung nach sich zog. Jesus aber ist die Wahrheit, und er ist gekommen, um diesen Fluch zu brechen. Lug und Trug haben keinen Platz in der Gemeinde! Sie sind für jene kennzeichnend, die ins Lager des Feindes gehören.

Eine Gemeinde am Ort, die faule Kompromisse schließt und etwas grundlegend Antigöttliches toleriert, ist keine wahre Gemeinde. Sie ist keine Lilie mehr, sondern nur noch ein Dornenzweig, der sich als Lilie ausgibt. Sie führt all jene in die Irre, die, im Glauben, eine Lilie gefunden zu haben, danach greifen und dann nur gestochen und zutiefst enttäuscht werden. Die Gemeinde muß aber die Macht und Herrlichkeit Gottes darstellen, muß Licht den Nationen bringen und einen alternativen Lebensstil jedermann vor Augen führen. Deshalb ist es so entscheidend, daß jedes ihrer Glieder rein, aufrichtig und rechtschaffen ist.

Mit Gott ist nicht zu spaßen, wenn Wahrheit und Lüge vermischt werden. Johannes erhielt die Anweisung, an die Gemeinde in Laodicea folgendes zu schreiben: »Ich kenne deine Werke, daß du weder kalt noch heiß bist. Ach, daß du kalt oder heiß wärest! Also, weil du lau bist und weder heiß noch kalt, werde ich dich ausspeien aus meinem Munde« (Offb. 3,15-16). Ananias' und Saphiras Motive waren so verschwommen, daß das, was eigentlich eine lobenswerte Tat hätte sein sollen, zu etwas Üblem vor Gott wurde. Gott liebt solche wie Barnabas, die offen und ehrlich, aufrichtig und ohne Arglist sind.

9

Freiheit zur Vergebung

Die Frau, die mir gegenübersaß, hatte ihr Taschentuch stramm um ihren Finger gewickelt. Sie sprach in kurzen, abgehackten Sätzen, wobei sie sich offensichtlich jedes Wort genau überlegte. Sie war so angespannt, daß ich es fast körperlich spürte.

»Sprich nur«, drang ich in sie.

»Es geht um meine Mutter«, gab sie zögern zu. »Sie ist schon alt, und trotzdem lobt sie jeder in höchsten Tönen. Dabei beherrscht sie mein Leben, obwohl sie in einer anderen Stadt lebt und ich schon eine Frau in den besten Jahren bin, die ihr eigenes Leben lebt. Sie meint, sie könnte mich immer noch herumscheuchen, und erwartet von mir, daß ich nach ihrer Pfeife tanze. Ich weiß nicht mehr, was ich tun soll.«

Es sprudelte nur so aus ihr heraus: das Gefühl, gefangen zu sein, und der Groll darüber, daß ihr ganzes Leben zerstört worden war. Sie sprach davon, daß all ihr Bemühen, andern zum Gefallen zu sein, eine Abfuhr nach der anderen erfahren hatte, und daß sie ständig nur verletzender Kritik ausgesetzt war. Sie war so gefesselt in ihrem Innern, daß wir gar nicht wußten, wo wir mit dem Entknoten beginnen sollten.

Ich wußte, daß ich hier nicht persönlich eingreifen konnte. Ich konnte ihr Leben nicht ordnen, konnte nicht zu ihrer Mutter gehen und auch keine klugen Ratschläge geben. Glücklicherweise erwartete das auch Gott nicht von mir. Ich konnte allerdings etwas in Gang setzen, indem ich ihr half, sich ihrer so in Mitleidenschaft gezogenen Gefühlswelt zu stellen und damit zum Herrn Jesus zu gehen. Wenn sie seine Hilfe und Heilung empfangen wollte, so würde sie in seiner Gegenwart vor sich selbst ehrlich sein müssen.

»Jean«, sagte ich, »kannst du mir erzählen, was du deiner Mutter gegenüber empfindest?«

Einen Augenblick schwieg sie. »Das kann ich nicht«, sagte sie dann und vermied es, mir in die Augen zu sehen.

»Warum nicht?«

»Es ist zu häßlich.« Und dann, als wolle sie sich verteidigen, fügte sie hinzu: »Ich habe immer wieder versucht, ihr zu vergeben.«

»Weißt du, Jean, wenn du willst, daß Jesus dir hilft, dann mußt du ihm schon sagen, was in dir vorgeht, wo es dir schlecht geht. Was empfindest du deiner Mutter gegenüber?«

Sie barg das Gesicht in ihren Händen, und Tränen rannen durch die Finger. »Ich bin so verbittert. Sie hat mich nie sein lassen, wie ich bin. Immer hat sie mich beherrscht.«

Ich legte meinen Arm um sie. »Was noch, Jean?« fragte ich freundlich, um sie zu bewegen weiterzureden. »Liebst du sie?«

Mit einem Ruck hob sie den Kopf. »Nein!« rief sie und ballte die Fäuste. »Ich weiß, daß ich es unbedingt sollte, aber ich hasse sie! Wie ich sie hasse!« Wieder ließ sie den Kopf sinken, und schluchzend bebte ihr ganzer Körper, als sie in Worte faßte, was sie wahrscheinlich niemandem zuvor je mitgeteilt hatte.

Ich fragte: »Jean, was würdest du deiner Mutter gern einmal sagen wollen?«

Sie schaute auf. Ihr Gesicht war tränenüberströmt. Dann schüttelte sie den Kopf.

»Ich würde es nicht fertigbringen. Es würde ihr doch zu sehr wehtun.«

»Aber, Jean«, erinnerte ich sie, »sie ist doch jetzt nicht hier. Sie kann also gar nicht hören, was du sagst. Nun sag schon, was würdest du ihr am liebsten manchmal ins Gesicht schreien?«

Wieder ballte sie die Fäuste. Sie sprang vom Stuhl auf und schrie: »Ich hasse dich! Immer hast du gesagt: ›Erst die Arbeit, dann das Vergnügen‹, aber es blieb dann immer nur bei der Arbeit, und zum Spielen bin ich nicht gekommen. Du hast mich wie ein Arbeitstier behandelt. Nie hast du mich geliebt! Am liebsten würde ich dafür sorgen, daß du für die Art, wie du mit mir umgesprungen bist und mein Leben zerstört hast, bezahlen mußt!« Sie hielt inne und atmete schwer, wobei ihr sowohl Scham als auch Erleichterung ins Gesicht geschrieben stand.

»Das war gut so, Jean«, sagte ich. »Gott wußte längst, was in dir vorging, aber er wollte, daß du dich dem stellst. Weißt du, wenn du erkennst, was in dir vorgeht, dann kannst du es auch ans Licht bringen und ihn sich darum kümmern lassen. Solange du dich aber weigerst, es zur Kenntnis zu nehmen, kann es im Dunkeln weiter sein Unwesen treiben, und du erlaubst Jesus nicht, daß er eingreift. Wir wollen nachschauen, was die Bibel dazu sagt.«

Ich schlug Epheser 4,31 auf: »Alle Bitterkeit und Wut und Zorn und Geschrei und Lästerung sei von euch weggetan, samt aller Bosheit.«

»Ja, Jean, und nun hast du gerade zugegeben, daß in deinem Innern Bitterkeit, Zorn, Bosheit und Haß sind. Willst du zulassen, daß dir diese Dinge genommen werden? Es ist nämlich unmöglich zu vergeben, solange einem nicht selbst vergeben worden ist.«

Plötzlich war da ein Silberstreifen am Horizont. »Jetzt verstehe ich«, sagte sie nachdenklich. »Dann ist es ja gar kein Wunder, daß es nicht funktioniert hat, als ich versucht habe, ihr zu vergeben. Ich muß erst einmal selber all den Schmutz und Dreck loswerden!«

Sie neigte das Haupt, und noch einmal flossen Tränen, als sie dem Herrn Jesus schlicht und einfach mitteilte, daß sie so viel Bitterkeit ihrer Mutter gegenüber empfinde und daß sie so voller Zorn und Haß sei. Sie wisse, daß dies falsch sei, könne aber nicht sagen, wie damit umzugehen sei.

Nun schauten wir uns noch eine andere Schriftstelle an. Es war der erste Brief des Johannes, erstes Kapitel, Vers sieben. Dort heißt es: »Wenn wir aber im Licht wandeln, wie er im Licht ist, haben wir Gemeinschaft miteinander, und das Blut Jesu, seines Sohnes, reinigt uns von jeder Sünde.«

»Jean«, sagte ich, »Jesus ist das Licht. Indem du ihm erzählt hast, was du empfindest, hast du deine Sünde und deine Not ans Licht gebracht. Nun liegt alles bloß, und man kann es angehen. Willst du, daß er sich darum kümmert?«

»Ja!« sagte sie mit allem Nachdruck.

Sind wir jetzt nicht doch versucht, unser Unbehagen zu äußern? Ist ihr Verhalten letztlich gar keine Sünde? Schließlich ist es nicht ihr Fehler, daß die Mutter ihr keine Liebe und kein Verständnis gezeigt und ihr Leben zur Hölle gemacht hat. Ihre Gefühle sind doch nur allzu berechtigt, oder?

Mit dieser Einstellung würden wir allerdings, ohne es zu bemerken, zu rechtfertigen suchen, was eben doch Sünde ist. Die Wurzel für Jeans Probleme war nicht nur die Zurückweisung durch die Mutter und deren Herrschaft über sie – auch dieses Grundproblems hätte man sich schon annehmen müssen –, sondern sie hatte ja selbst Schuldgefühle wegen ihrer Empfindungen der Mutter gegenüber. Und darum kümmerten wir uns jetzt. Wir müssen uns der Wahrheit stellen, wenn wir frei werden wollen. Dies finden wir auch in folgender Schriftstelle angesprochen: »Wenn wir sagen, daß wir keine Sünde haben, betrügen wir uns selbst, und die Wahrheit ist nicht in uns« (1. Joh. 1,8).

Aber ich war froh, Jean auch den nächsten Vers zeigen zu können: »Wenn wir unsere Sünden bekennen, ist er treu und gerecht, daß er uns die Sünden vergibt und uns reinigt von jeder Ungerechtigkeit« (Vers 9).

Sie bekannte nun Jesus, daß sie alle diese sündigen Gefühle gegen ihre Mutter in ihrem Innern gehegt hatte, und sie bat ihn, ihr zu vergeben und sie zu reinigen.

»Ist dir vergeben?« fragte ich sie.

»Nun, wenn er meint, was er sagt, dann ist mir vergeben!« erwiderte sie mit dem ersten Schimmer eines Lächelns auf ihrem Gesicht.

»So ist es! Er steht dazu!« bestätigte ich ihr. »Laß uns jetzt noch einmal Epheser, Kapitel 4 lesen.«

Noch einmal lasen wir die Verse 31 und 32 zusammen: »Alle Bitterkeit und Wut und Zorn . . . sei von euch weggetan, samt aller Bosheit.« Dies, so bekräftigte ich, sei nun geschehen.

»Ja, Jean, und nun heißt es weiter: ›Seid aber zueinander gütig, mitleidig, und vergebt einander‹. Jetzt, da du ein reines Herz hast, dem vergeben ist, kannst auch du vergeben, aber eben nicht aus eigener Willenskraft oder weil du meinst, du seist dazu verpflichtet, sondern weil Gott dir vergeben hat. Was meinst du dazu?«

»Das will ich tun«, sagte sie entschlossen, und dann betete sie: »Herr Jesus, ich danke dir, daß du mir alle meine Sünden vergeben hast, besonders aber auch dort, wo ich mich gegen meine Mutter versündigt habe. Herr, aus dem Quell deiner Vergebung, den du in mir angelegt hast, will ich auch ihr vergeben. Ich vergebe ihr! Ich setze Vergebung frei, die sie erreichen möge. Amen.«

Es ging mir so richtig gut in diesem Augenblick. Und ich weiß, daß es bei Jean nicht anders war. Ich wußte, welches Gewicht an Schuld von ihr abgefallen war, und sie fühlte sich nun ganz leicht im Geist. Mir war aber auch klar, daß noch einiges an Arbeit auf uns wartete. Ihre Seele mußte noch heil werden von den Wunden, die ihr zugefügt worden waren. Sie mußte von den traumatischen Auswirkungen ihres Zurückgewiesenseins erlöst werden, und es war noch Gebet nötig, um die Bindung an die Mutter zu brechen. Schließlich mußten wir darüber reden, wie sie sich von nun an im täglichen Umgang mit ihrer Mutter verhalten sollte.

Am wichtigsten war allerdings, daß die Vergebung wie ein Schlüssel diesen ganzen Komplex öffnete und damit Freiheit möglich machte. Gewöhnlich unterschätzen wir den Stellenwert der Vergebung zu unserem eigenen Schaden.

Es gibt überall Christen, die genau wissen, daß sie vergeben sollten, denn das ist christliche Ethik und Fundament unseres Glaubens. Jesus ist dabei das große Vorbild, an das wir uns zu halten haben. Aber oft fühlen sich diese Menschen so niedergetreten, verletzt und verbittert, daß sie meinen, gar nicht vergeben zu können. Doch im Grunde genommen, wenn sie ehrlich sind, wollen sie es gar nicht, selbst wenn ihnen klar sein mag, daß sie es sollten. Und die Schuldgefühle verschlimmern dann das Problem. Solange sie nicht vergeben, spüren sie zwar die Entfremdung von Gott, aber dessen ungeachtet meinen sie, er verlange einfach zuviel.

Mit solchen Menschen hat der Feind leichtes Spiel. Jedesmal, wenn sie sich entschließen, doch zu vergeben, erinnert er sie daran, wie häßlich man mit ihnen umgesprungen ist, und schon sind sie wieder überwältigt von Entrüstung und Groll. Ihre Einstellung sei nur zu gerechtfertigt, flüstert er ihnen ein, und so verfestigt sich ihre Haltung. Nun treibt er sie weiter, bis sie anfangen zu glauben, sie empfänden schließlich nur gerechten Zorn.

Doch nun sind sie gefangen, denn sobald sie sich Gott nähern wollen, verstellt ihnen ein riesiger Berg von Groll und Zorn die Sicht. Nun schleicht sich der Feind an und häuft noch mehr Schuld an: »Du bist es ja gar nicht wert, dich Gott zu nähern.« Und so bleiben diese Menschen bemitleidenswerte Opfer, die in einem gewaltigen Sumpf von Leid, Schmerz, Verbitterung und Zorn festsitzen. Sobald sie versuchen herauszukriechen, bombardiert sie der Feind mit Geschossen neuer Schuld, und sie versinken noch tiefer in Trübsal und Verzweiflung. Jedesmal, wenn sie das Vaterunser beten und sagen: »Und vergib uns unsere Schuld, wie auch wir vergeben unsern Schuldigern«, sehen sie sich mit ihrem Versagen darin konfrontiert und sind deshalb nicht imstande, Gottes Vergebung für sich anzunehmen.

Das Geschehen, von dem ich am Anfang dieses Kapitels berichtete, ist natürlich ziemlich verkürzt wiedergegeben worden. Und so manch einer mag deshalb denken, das klinge doch alles ein wenig zu einfach. Und doch ist es die wahre Geschichte von jemand, der sich aufgemacht hat, den Weg zum Heilwerden einzuschlagen. Ich werde den Eindruck nicht los, daß tief verletzte Menschen früher oder später gar nicht umhin können, sich dem eigenen Bedarf an Vergebung zu stellen, bevor sie selbst in der Lage sind, anderen zu vergeben.

Nehmen wir ein anderes Beispiel. Ich kannte einmal eine Frau, die nach ein paar Jahren einer »nicht sehr glücklichen« Ehe mit ziemlich widrigen Umständen auskommen mußte. Ihr Mann hatte sie wegen einer anderen Frau sitzenlassen, und so hatte sie sehr damit zu kämpfen, sich und ihre Kinder durchzubringen, materiell, aber auch auf der emotionalen Ebene. Ihre Welt lag in Trümmern, aber der Aufruhr in ihrem Innern war noch weit schlimmer.

Es kümmerten sich zwar Freunde um sie, und man stand ihr mit Rat und Tat zur Seite, aber eines Tages kam sie doch an den

Punkt, wo sich ihre Bereitschaft entwickelte, selbst etwas gegen ihren Zorn und ihre Verbitterung zu tun.

»Ich will ja weiterhin mit Gott gehen«, erzählte sie mir, »aber ich weiß ganz genau, daß ich das nicht kann, solange ich solche Haßgefühle meinem Mann und dieser Frau gegenüber habe. Was kann ich da bloß machen? Ich will nicht nur so tun und dahersagen, ich würde ihnen vergeben, wenn ich genau weiß, daß ich es doch nicht tue.«

»Erzähl' mir doch mal, was in dir vorgeht, wenn du vor Wut kochst beim Gedanken daran, wie er dich behandelt hat«, schlug ich vor. »Was wünschst du dir dann im tiefsten Winkel deines Herzens?«

Ihr Gesicht verzog sich zu einer Grimasse, an der abzulesen war, wie sehr sie sich schämte. »Ich wünsche mir, daß er impotent wird und niemals wieder Spaß am Sex hat! – Nun ist es heraus! Ist das nicht schrecklich?« Und dann fügte sie ohne Umschweife hinzu: »Was ich eigentlich will, ist Rache. Ich will, daß er leidet wegen der Art und Weise, wie er mir Leid zugefügt hat.«

Sie fuhr nun fort, ihre Gefühle und Gedanken zu beschreiben, die ihr durch den Kopf gingen, wenn sie allein in ihrem Bett lag. Wie hoffte sie doch, daß er im Elend lebe, gequält von Schuldgefühlen. Doch sich in solche Gedanken zu vertiefen, brachte ihr keinen inneren Frieden, vielmehr raubte es ihr den Schlaf, so daß sie nur noch müde und abgespannt war. »Wie kann ich davon freikommen?« fragte sie verzweifelt.

Wir schlugen zusammen Epheser 4 auf und lasen die Verse 30 bis 32: »Betrübt nicht den Heiligen Geist Gottes . . . Alle Bitterkeit und Wut und Zorn und Geschrei und Lästerung sei von euch weggetan, samt aller Bosheit.« Dann fragte ich: »Erkennst du irgendwelche Gefühlsregungen in dieser Liste wieder, von denen du auch schon gesprochen hast?«

Sie war ehrlich. »Ja, fast alle, vor allem aber Bitterkeit und Bosheit.«

»Wie wird wohl in Anbetracht dieser Verse deiner Meinung nach Gott zu der ganzen Situation stehen?«

»Nun«, begann sie zögernd, »ich denke, es wird den Heiligen Geist betrüben.«

Ganz genau! Diese Dinge sind nicht von Gott, und wenn wir sie hegen und pflegen und uns darin ergehen, dann richten wir eine Barriere auf zwischen uns und Gott, wobei wir in der gegebenen Situation für seine Gnade nicht mehr zugänglich sind. Deshalb können wir dann auch nicht vergeben. Genau an diesem Punkt muß der Christ seine Wahl treffen. Meine Gesprächspartnerin ist sich ihrer Gefühle bewußt geworden, und sie hat erkannt, daß sie sündig sind. Nun kann sie die Dinge entweder ans Licht bringen und Gott sich ihrer annehmen lassen oder sich entschließen zu bleiben, wo sie ist, und sich ihren negativen Gedanken in dem Gefühl hinzugeben, das sei nur gerechtfertigt.

Glücklicherweise war meine Freundin bereit, sich zu demütigen. Heilung und Wiederherstellung fangen immer am Kreuz an. Deshalb ging sie zu Jesus und erzählte ihm, was sie fühlte. Es tue ihr alles leid, und sie wolle nicht mehr so empfinden. Ob er ihr wohl vergeben und sie reinigen würde?

»Nun stell dir vor, du hast ein paar große Mülltüten«, sagte ich freundlich zu ihr. »Verstaue all den Abfall, der in dir ist, darin. Auf einer steht ›Zorn‹, auf einer ›Groll‹, auf einer ›Bosheit‹ und was du sonst noch loswerden willst. Jetzt kommst du zum Kreuz. Jesus ist dort angenagelt und bezahlt den Preis für alle deine Sünden. Leg' nun die Müllsäcke am Fuß des Kreuzes nieder. Gib sie an ihn ab. Begreifst du, daß er nun dafür verantwortlich ist? Er erlöst dich davon. Nimm diese Vergebung an.«

Schritt für Schritt vollzog sie dies nun nach. Und dann gab es einen wundervollen Augenblick: Noch tränenüberströmt, schaute sie auf und sagte: »Es ist weg! Die schwere Last in meinem Innern ist weg! Ich weiß, daß mir vergeben worden ist.«

Nun lasen wir zusammen Vers 32: »Seid aber zueinander gütig, mitleidig, und vergebt einander, so wie Gott in Christus euch vergeben hat.«

»Wie denkst du jetzt darüber, willst du deinem Mann vergeben?« fragte ich nach. »Statt Zorn und Bosheit ist in dir ein tiefer und gereinigter Brunnen, aus dem du Vergebung schöpfen kannst. Wie wäre es, wenn du etwas davon heraufziehen und für deinen Mann und die andere Frau ausgießen würdest?«

Sie wußte, daß sie dazu in der Lage sein würde. Es war für sie kein Problem mehr. Danach baten wir Jesus zu kommen, um ihre seelischen Narben zu beseitigen. Als sie fortging, wußte sie, daß sie erwartungsvoll in eine Zukunft voll innerer Harmonie schauen konnte.

Es ist ganz entscheidend, daß wir den Menschen nicht nur helfen, diesen Schlüssel der Vergebung zu finden und ihn herumzudrehen, sondern daß wir ihnen auch beibringen, wie sie mit der Vergebung auf Dauer umgehen und eine positive Einstellung dazu hegen und pflegen. Sie müssen lernen, daß Vergebung kein Gefühl ist. Sie ist eine objektive Wahrheit: Wenn ich meine Sünden bekenne, dann ist Jesus treu, und er wird mir vergeben und mich reinigen.

Wenn der Feind dann unweigerlich auftaucht und uns herausfordert, indem er versucht, die alten Gefühle wieder zu wecken, dann werden wir mit beiden Beinen auf der Wahrheit stehen. Wir werden keine Angst haben müssen, daß wir nicht standhalten können oder daß wir uns schon morgen nicht mehr als Vergebene fühlen werden. Vielmehr werden wir ihm einfach mit den Fakten entgegentreten und zu ihm sagen: »Jesus hat das alles in Ordnung gebracht. Deshalb weigere ich mich strikt, mich noch einmal in diese Gefühle zu verstricken. Ich habe sie nämlich an Jesus abgegeben. Er hat dafür bezahlt, und sie sind unter seinem Blut. Wenn du mehr darüber wissen willst, mußt du schon zu ihm gehen.« Das verlangt Standfestigkeit und Entschlossenheit, besonders in den ersten Tagen, wenn der neue Schößling noch jung und zart ist. Doch indem wir ihm da schon widerstehen, werden wir standfest im Glauben. Jedes Scharmützel, das wir durchgefochten und gewonnen haben, bestätigt uns in der Wahrheit, und wir entwickeln uns zu kampferfahrenen Kriegern des Glaubens.

Wir müssen auch lernen, daß wir es uns im christlichen Leben gar nicht leisten können, allzu dünnhäutig zu sein und immer gleich den Beleidigten zu spielen. Manche Leute sind auch noch sehr stolz darauf, »sensibel« zu sein. Leider sind sie selbst sehr schnell aus der Fassung zu bringen und beleidigt, wogegen sie für die Gefühle anderer gar nicht besonders sensibel sind. Wir alle kennen solche empfindlichen Leute, die fast alles, was wir sagen, gründlich mißverstehen, so daß es uns bald keinen Spaß mehr macht, mit ihnen zusammenzusein, müssen wir doch ständig aufpassen, was wir sagen.

In bewegenden Worten beschreibt Jesaja im 61. Kapitel, wie die Gebrochenen, Verwundeten und Schwachen heil werden. Das ist auch, was Jesus verkündigt: »Der Geist des Herrn ist auf mir ... Er hat mich gesandt, den Elenden frohe Botschaft zu bringen, zu verbinden, die gebrochenen Herzens sind, Freilassung auszurufen den Gefangenen ...« Und was wird mit all diesen heillosen Versagern geschehen? Sie werden »Terebinthen der Gerechtigkeit«. Dieses Bild sagt so viel aus. Eine Terebinthe im Gebirge mußte stark und gut verwurzelt sein, sie war voll schattenspendenden Laubes. Ich möchte meinen, eine reife Frau Gottes ist in jeder Beziehung wie solch eine Terebinthe.

Aber dieser Baum hat eine ziemlich dicke Borke, und auch wir müssen im positiven Sinne ein »dickes Fell« haben. Das heißt, daß wir geschützt genug sein müssen, um auch Gerede über uns aushalten zu können und es nicht zu unserem Geist vordringen zu lassen. Es ist nämlich durchaus möglich, wenn einem etwas Verletzendes zu Ohren kommt, sich in diesem Augenblick zu entscheiden, es keinen Schaden anrichten zu lassen.

Wie fangen wir das an? Zuerst müssen wir erkennen, wer hinter allem steckt. Wir müssen auf der Hut sein vor den Schlichen des Feindes, der uns unseren inneren Frieden rauben und Aufgeregtheit und Ängste in unser Leben tragen will.

Zweitens halten wir unseren Schild des Glaubens hoch und widerstehen ihm. Wir widerstehen gar nicht unbedingt der Person, die uns zu nahegetreten ist. Wir widerstehen vielmehr den Anstrengungen Satans, unseren Frieden zu zerstören und Bitterkeit gegen Geschwister aufkeimen zu lassen.

Drittens entscheiden wir, ob die verletzende Bemerkung der Wahrheit entspricht oder eine Lüge ist. Entspricht sie der Wahrheit, müssen wir Gott um die Gnade bitten, daß wir eine solche Bemerkung für uns annehmen. Ist die Bemerkung unbegründet, dann sollten wir uns daran erinnern, daß wir den Brustpanzer der Gerechtigkeit tragen, der unser Herz schützt. Der Pfeil kann dann ruhig darin steckenbleiben, weiter vordringen wird er nicht! Wir dürfen den Geist nicht betrüben, indem wir Bitterkeit, Zorn und Groll mit uns herumtragen. Statt dessen sollte unsere innere Haltung von der Bereitschaft zu vergeben geprägt sein, so daß unser Geist ungetrübt und heil bleiben kann.

Die Bereitschaft zu vergeben ist ursprünglich keine menschliche Eigenschaft. Erst die Gnade Gottes, die in uns am Werk ist, befähigt uns zur Vergebung. Es entspringt nicht unserem menschlichen Verstand, wenn wir sagen: »Ich vergebe dir.« Und doch wird es uns geboten: »Seid aber zueinander gütig, mitleidig, und vergebt einander.«

Jesus verlangt nicht mehr von uns, als er selbst erduldet hat. Niemand hat mehr ungerechte Behandlung erfahren als er, und doch sagte er: »Vater, vergib ihnen.« Er war das Ziel jeder erdenklichen Versuchung. Dazu gehört natürlich auch die Versuchung, Bitterkeit und Bosheit mit sich herumzutragen und sich laut zu beklagen: »Das ist nicht fair! Ich habe doch nichts getan! Sie sollten hier hängen, nicht ich!« Doch statt dessen entschied er sich zu vergeben. Und weil er zuerst vergeben hat, macht er es uns möglich zu vergeben. Nun ist es an uns zu entscheiden, ob wir es auch tun.

Vor vielen Jahren hatte ich keine gute Meinung von einer bestimmten Frau in unserer Gemeinde. Sie gab mir eigentlich keinen Anlaß dafür. Aber irgendwie konnten wir uns nicht leiden. Doch dann stellte ich fest, daß meine Beziehungen zu anderen und meine Freiheit in der Anbetung litten, solange diese unguten Gefühle anhielten. Ich wußte, daß mir eine Entscheidung bevorstand.

Eines Abends sagte ich zu Terry: »Geh du schon mal zu Bett, ich muß noch mit Gott darüber reden.«

Als ich dann allein war, ließ ich mir alles noch einmal durch den Kopf gehen. Wo sollte ich anfangen? Ich weiß nicht mehr warum, aber ich fing einfach an, eine Liste von all den Sachen zu machen, die mich an dieser Frau störten. Nach meinem Dafürhalten war sie anderen gegenüber intolerant; sie achtete nicht darauf, was andere sagten, und ließ keine andere Meinung gelten. Sie war stur und unnachgiebig, und in meiner Engstirnigkeit meinte ich, in ihr eine Gefahr für den friedlichen Fortgang des Gemeindelebens zu erblicken.

Ich lehnte mich zurück und las diese abscheuliche Liste mit einem selbstzufriedenen Grinsen noch einmal durch. Selbstverständlich konnte ich einem solchen Individuum gegenüber keine wohlmeinende und vergebungsbereite Haltung einnehmen! Viel besser wäre es gewesen, wenn sie und ihre Familie sich gleich ganz aus dem Staub gemacht hätten!

Doch was dann geschah, nahm mir mit einem Schlag allen Wind aus den Segeln. Fast hörbar vernahm ich die Worte: »Was du da aufgeschrieben hast, ist ein Abbild von dir selbst.« Ich wußte gleich, daß das die Stimme meines liebevollen Hirten war. Es gab keinen Zweifel daran. Ich war bestürzt und fassungslos. Meine aufgeblähte Selbstgefälligkeit war dahin, und das Gefühl, überführt worden zu sein, trat an dessen Stelle. Dabei weinte ich mich frei zur Buße. Dann sprach Gott noch einmal zu mir: »Achte andere höher als dich selbst, und sei gesinnt wie Christus Jesus.« Wie Schuppen fiel es mir von den Augen. Welch schlimme Wahrheit: Ich war arrogant und voller Stolz und spielte mich als Richterin über meine Schwester in Christus auf.

Als ich aber Gottes Vergebung entgegengenommen hatte, hatte ich überhaupt keine Schwierigkeiten mehr, meiner späteren Freundin zu vergeben. Es gab ja im Grunde noch nicht einmal etwas, was ich ihr zu vergeben hatte! Nachdem ich den Balken aus meinem eigenen Auge entfernt hatte, rückte der Splitter in ihrem Auge wieder ins rechte Verhältnis.

Es herrschte zwischen uns nicht sofort wieder »eitel Freude«. Wir verbrachten noch einen schmerzlichen Abend, an dem wir uns gegenseitig unser Seelenleben offenlegten. Aber wir kamen auch zu dem Entschluß, an unserer Beziehung zu arbeiten und sie positiv weiterzuentwickeln. Ich wußte, daß die Schlacht gewonnen war, als mir sechs Monate später eins bewußt wurde: Es würde mir das Herz brechen, wenn meine Freundin aus der Stadt wegzöge.

Was diese kleine Geschichte sagen will, ist dies: Wenn wir irgend jemand gegenüber länger nachtragend sind, wird unser Blick getrübt. An allem ist dann immer nur der andere schuld, während wir selbst fehlerlos zu sein scheinen. In diesem Zustand tritt schnell eine Verhärtung ein, und dann wundern wir uns, warum wir keine rechte Freude am Frieden Gottes haben. »Heute, wenn ihr seine Stimme hört, verhärtet eure Herzen nicht« (Hebr. 3,7), sonst werdet ihr wie die Israeliten nicht das Land der Ruhe betreten können. Laßt uns also sanftmütig und gutherzig sein und einen vergebungsbereiten Geist in uns hegen und pflegen.

10
Freiheit und Autorität

FRAUEN IM DIENST

Begeisterter Applaus erscholl, als man der neuen Königin die Krone aufs Haupt setzte. Lächelnd nahm sie der König bei der Hand und führte sie hinaus, um sie den Untertanen vorzustellen.

»Wie sieht sie aus?« fragte jemand enttäuscht aus der Menge, der, etwas kurz gewachsen, schon auf Zehenspitzen stand und den Hals reckte, um doch noch etwas zu sehen.

»Gar nicht schlecht!« lautete der zustimmende Kommentar eines erfolgreicheren Zuschauers. »Ganz toll sieht sie aus!«

»Ich möchte wissen, ob sie sich etwas länger halten kann als ihre Vorgängerin«, bemerkte einer der Umstehenden zynisch. »Sie war schließlich auch sehr schön.«

»Ja, aber ihr ist wohl nie klargeworden, wo ihr Platz war«, mischte sich wieder der kleine Mann ein, der dann noch die kluge Bemerkung machte: »Die Krone zu tragen, ist eine Sache, aber zu wissen, wie man damit umgeht, ist eine andere.«

Später, als die Zofen ihre Königin auskleideten und ihr behutsam die glitzernde Krone vom Kopf nahmen, mag Ester durchaus ganz ähnlich gedacht haben. Ohne ihre königlichen Insignien war sie eine junge Frau wie jede andere. »Bin ich wirklich eine Königin?« mag sie sich gefragt haben? »Besitze ich jetzt irgendwelche Autorität? Und wenn ja, wie weit reicht sie?« Sie war sich wohl mit einigem Unbehagen des Schicksals bewußt: Königin Wasti war verstoßen worden, weil sie versucht hatte, ihren eigenen Willen gegen den des Königs durchzusetzen. Wahrscheinlich gab es eben doch Grenzen. Ester sollte also lieber keine unüberlegten Schritte tun. Andererseits wollte sie doch mehr als ein dekoratives Anhängsel des Königs sein. Es war schon wichtig, daß sie ihre Möglichkeiten ganz ausschöpfte.

Viele christliche Frauen identifizieren sich mit dieser Ester. Früher oder später fangen wir an zu begreifen, daß Christentum mehr bedeutet, als sich nur an den schönen Seiten der Erlösung zu freuen. Es ist großartig, zu wissen, daß wir auserwählt und geliebt sind, daß uns vergeben ist und wir in einer neuen Dimension mit einer neuen Identität leben. Wir sind schließlich von unserem alten Leben befreit worden, um ein herrliches neues zu führen. Aber mit der Erlösung kommt neue Verantwortung auf uns zu, und viele von uns sind unsicher, wieviel sie davon übernehmen sollen. Welche Machtpositionen dürfen wir mit Berechtigung einnehmen? Dürfen wir überhaupt welche in Anspruch nehmen?

Nach zwei Seiten hätte Ester nun in eine Falle geraten können. Sie hätte sich Hals über Kopf in alle möglichen Aktivitäten stürzen können und wäre dabei Gefahr gelaufen, all die Fehler zu machen, die für den Unerfahrenen und Unbedarften typisch sind. Genausogut hätte sie aber auch all ihre Zeit auf seidenen Kissen, von Sklaven befächelt, als passive und risikoscheue Faulenzerin verbringen können.

Tatsächlich schlug sie einen weiseren Kurs ein. Sie blieb bescheiden, tat keine unüberlegten Schritte und packte Gelegenheiten beim Schopf, wenn sie sich ihr boten. Sie trachtete nicht danach, ständig ihren Wert als Königin unter Beweis zu stellen, indem sie sich wild und aufgeregt gebärdete. Sie hielt sich zurück und blieb in der Nähe von Mordechai, ihrem Berater. Als es zur ersten Krise kam, bedeutete dies eine erste wirkliche Prüfung. Mordechai hörte das Gespräch zweier Männer mit, die ein Mordkomplott gegen den König schmiedeten. Und er erzählte der Königin davon. Würde sie handeln oder jede Verantwortung von sich weisen? Würde sie sich sagen: »Das geht mich nichts an; vielleicht ist es gar nicht so schlimm, wie es sich anhört. Der König würde ohnehin nicht auf mich hören. Ich kenne mich schließlich noch nicht so gut aus bei Hofe.« Nein, sie half vielmehr das Unglück abzuwenden, indem sie ohne viel Aufhebens ihre Möglichkeiten zum Eingreifen wirkungsvoll nutzte.

Als sie es später mit einer Krise großen Stils zu tun bekam – das drohende Massaker an der jüdischen Bevölkerung –, war sie zutiefst erschrocken. Und doch erkannte sie ihre Bestimmung und handelte. Sie überbeanspruchte ihre Autorität nie und handelte immer innerhalb der vorgegebenen Grenzen.

Wenn auch wir uns der Autorität bewußt werden, die uns verliehen ist, dann müssen wir begreifen, daß uns viele Möglichkeiten eröffnet worden sind, unsere Bevollmächtigung wirkungsvoll einzusetzen. Niemals unternahm Ester etwas gegen den König, noch stellte sie die Gültigkeit des bestehenden Systems in Frage, das vorgab, wie sie sich ihm zu nähern und seinen Willen auszuführen hatte. Sie versuchte niemals, etwas hinter seinem Rücken durchzusetzen oder ihn zu einer bestimmten Entscheidung zu treiben. Die Folge war, daß die Dinge gut liefen und daß es bei ihr nicht zu einer frühzeitigen Erschöpfung kam! Als der König ihr dann auch noch den Siegelring zur freien Verfügung stellte, setzte sie ihn nicht ein, um ihre persönlichen Interessen voranzutreiben. Sie versäumte es auch nie, den neuen Regierungschef Mordechai zu konsultieren. Sie war Teil eines Teams. Dadurch, daß sie mit den anderen Partnern zusammenarbeitete, wurde die Wirksamkeit der gemeinschaftlichen Regierung sichergestellt.

Dies spiegelt die Art und Weise wider, wie selbst Jesus, der Herr, vorging. Auch wenn er wußte, daß er der Sohn Gottes war und unbeschränkte Macht hatte, wollte er um keinen Preis täglich unter dem Zwang stehen, Dinge zu tun, die seine Identität beweisen würden. Er hatte einen Auftrag: Er sollte die Gefangenen befreien, blinde Augen öffnen, gebrochene Herzen verbinden und die Frohe Botschaft vom Himmelreich verkünden. Um diese Aufgabe zu erfüllen, unterwarf er sich der Autorität des Vaters. Er betätigte sich nicht losgelöst von ihm, sondern bekannte: »Der Sohn kann nichts von sich selbst tun, außer was er den Vater tun sieht« (Joh. 5,19). Er führte also seinen Auftrag in engster Verbundenheit mit dem Vater und unter der Salbung des Heiligen Geistes durch. Sie bildeten ein Team.

Genauso müssen sich auch Christen als Mitarbeiter in einem Team sehen. Die Einwirkungsmöglichkeiten, die Gott uns gibt, sind dazu da, seinen Willen, und nicht etwa unseren zu erfüllen.

Wenn ein Botschafter in ein fremdes Land gesandt wird, dann geht er nicht als unabhängiges Individuum dort hin, als einer, der Selbstverwirklichung sucht, und tut, was er will. Er kommt als Repräsentant einer auswärtigen Regierung, der bevollmächtigt ist, die Weisungen jener Regierung auszuführen. Spaß und Befriedigung bei der Arbeit sind lediglich der Lohn, der dabei abfällt! Bei uns ist das nicht anders.

Jesus spricht: »Wie du (Gott) mich in die Welt gesandt hast, habe auch ich sie in die Welt gesandt« (Joh. 17,18). Wie wurde er denn gesandt?

Er wurde unter und mit Autorität gesandt. Der römische Hauptmann in Matthäus 8 hatte dies bei Jesus erkannt: Auch er sei wie Jesus ein Mann unter Befehlsgewalt. Und weil dies zutraf, kannte er sich aus. Er wußte, was es bedeutete, im Namen einer höheren Macht zu handeln. Die Macht Roms hatte Gewicht, und die hatte er hinter sich. Darauf bauend, konnte er zuversichtlich ans Werk gehen und erwarten, daß geschah, was er auftrug. Als dann der Diener gesund wurde, erkannte der Hauptmann, daß Jesus im Auftrag eines anderen handelte: Er war offensichtlich der verlängerte Arm einer himmlischen Macht. Und genauso sendet Jesus uns auch. Wir sind seine Botschafter, die an seiner Statt auftreten, und er gibt uns Macht, die wir in seinem Namen einsetzen sollen.

An dieser Stelle müssen wir einmal den Unterschied zwischen den beiden griechischen Begriffen des Grundtextes erklären, die beide für das Wort »Macht« stehen. Da ist einmal ›dynamis‹, von dem unser Wort »Dynamit« abgeleitet ist. Es bedeutet: Vermögen, Kraft, Macht. Und dann gibt es das Wort ›exousía‹ für Macht im Sinne von Vollmacht, Befugnis.

Die Frage, die christliche Frauen sich also stellen müssen, lautet: »Welches ›Dynamit‹ ist uns in die Hand gegeben, und wieweit sind wir befugt, es einzusetzen?«

Man kann wohl der Schrift ganz eindeutig entnehmen, daß jeder Gläubige, unabhängig von Rasse, Geschlecht oder sozialem Status, das Auferstehungsleben Jesu besitzt (Gal. 3,28). Wir empfangen es, wenn wir durch den Geist Gottes wiedergeboren und in einer neuen Dimension – der Existenz im Geist – lebendig werden. Wir sind Nachkommen Abrahams und Erben der Verheißungen Gottes.

Am Pfingsttag offenbarte Petrus einen weiteren Aspekt der Bevollmächtigung: »Tut Buße, und jeder von euch lasse sich taufen auf den Namen Jesu Christi . . . , und ihr werdet die Gabe des Heiligen Geistes empfangen« (Apg. 2,38). Und er ließ keinen Zweifel daran, daß diese Ausgießung des Heiligen Geistes jedermann galt: Männern, Frauen und Kindern (Apg. 2,17).

Jeder Gläubige kann also darauf bauen, daß das Leben Jesu in ihm ist und daß er die Kraft des Heiligen Geistes empfängt. Wir werden immerhin dazu ermahnt, beständig »voll Geistes« zu sein. Es ist für uns so wichtig, daß wir uns ständig seiner Kraft und seiner Gegenwart in uns bewußt sind.

Dies sollten wir tun, weil uns eine große Aufgabe anvertraut ist, die wir ohne diese »Dynamis« nicht vollbringen können. Die große Aufgabe besteht darin, daß wir das Reich Gottes in die Welt hineinbringen und darin festigen. Deshalb nämlich ist uns die Auferstehungskraft verliehen worden.

Wo aber fangen wir an? Wie können wir diese Macht nutzen?

Eine Möglichkeit ist, daß wir Zeugnis geben von Jesus. Viele von uns schrecken davor zurück und reden sich damit heraus, sie könnten es nicht gut genug, es fehle ihnen an Übung, ihre Worte würden ja doch nur auf taube Ohren stoßen, und dann fehle ihnen auch noch die Zeit dafür. Wir haben das Gefühl, daß unsere Anstrengungen zum Scheitern verurteilt sind und daß unseren Worten die Überzeugungskraft fehlt.

Wenn wir wirklich glauben würden, daß das Evangelium mit Vollmacht ausgestattet ist und daß wir berechtigt sind, diese Macht zu benutzen, würden wir wahrscheinlich viel öfter den Mund aufmachen und mit mehr Glaubensmut reden. Jesus spricht: »Mir ist alle Macht gegeben . . . Geht nun hin und macht alle Nationen zu Jüngern« (Matth. 28,18-19). Er ist allmächtig, und er verleiht uns Macht. In Römer 1,16 lesen wir: » . . . ist (das Evangelium) doch Gottes Kraft zum Heil jedem Glaubenden.« Die Worte, die wir so zögernd und schüchtern aussprechen, sind in Wirklichkeit kleine Handgranaten! Werfen wir doch ruhig ein paar mehr, selbstverständlich nicht, um unsere Zuhörer zu zermalmen, sondern mehr, um den Verteidigungsring ums Reich der Finsternis brüchig zu machen! Diese Art von Handgranaten kann ganz sanft eingesetzt werden und wird doch ein Maximum an Wirkung erzielen.

Aber die Verkündigung der Frohen Botschaft vom Reich erfolgt nicht nur über das gesprochene Wort. Es geht nicht allein darum, Informationen weiterzugeben. Das Kräftemessen mit dem Feind gehört genauso dazu. Es gibt unendlich viele Möglichkeiten für christliche Frauen und Männer, dabei zu helfen, das Elend und Leid um uns zu lindern. Überall ist das Seufzen einer Welt, die versucht, ohne Gott zu leben, deutlich zu vernehmen – die Selbstmordrate schnellt in die Höhe, Ehen zerbrechen, und die Statistiken nennen immer höhere Zahlen für Schwangerschaften Jugendlicher, Alkoholismus, Kindesmißhandlungen und AIDS.

Aber all dem zum Trotz hat Gott verkündet, seine Herrlichkeit werde die Erde erfüllen. Das wird allerdings nur geschehen, wenn die Gläubigen zu mobilisieren sind, in der Kraft des Geistes voranzugehen und die Liebe und Barmherzigkeit Gottes zum Ausdruck zu bringen. Sie werden dann eine Armee sein, die Befreiung den Gefangenen bringt, das Augenlicht den Blinden und den Verzagten Hoffnung. Jesu Auftrag ist unser Auftrag geworden. Wie können wir da behaupten, für Frauen gebe es nichts in der Gemeinde zu tun? Wir tragen das Reich Gottes in die Welt! Gott wünscht sich nichts sehnlicher, als daß wir unsere Hände ausstrecken und Glauben, Weitsicht und Macht erflehen! »Die Ernte ist zwar groß, der Arbeiter aber sind wenige.«

Das bringt uns zu einem weiteren Kanal, durch den Gottes Macht zu uns herabkommen kann. »Bittet nun den Herrn der Ernte, daß er Arbeiter aussende in seine Ernte« (Matth. 9,38). Das Gebet ist eine sehr wirkungsvolle Waffe, die wir allerdings allzuoft delegieren: »Die Christen, die sollten mal ordentlich dafür beten.« Jesus lehrte uns, folgendes zu beten: »Dein Reich komme.« Das ist nicht Ausdruck einer schönen Vorstellung oder einer sentimentalen Hoffnung. Es ist vielmehr die Proklamation der Absicht Gottes. Es ist ein Imperativ: »Komm, Reich Gottes!« Wenn wir beten, sollten wir dies als einen geradezu militärischen Befehl auffassen. Wir drängen Mächte des Bösen zurück, um Raum zu schaffen für den Zuwachs an Gottes Herrschaft.

Ebensowenig ist »Dein Wille geschehe« ein verzagter Seufzer der Resignation. Auch das ist eine Proklamation: »Geschehe, Wille Gottes!« Hier wird ausgerufen, daß Gott einen Willen hat und Absichten verfolgt. Ich muß also nicht die Versuche des Feindes, Gottes Pläne in meinem und meiner Freunde Leben zu durchkreuzen, passiv erdulden. Ich kann jedoch den Willen Gottes ins Spiel bringen: »Herr, du hast einen Weg für mich. Laß deinen Willen die Herrschaft übernehmen. Laß deine Absichten in dieser Situation die Oberhand gewinnen. Was du willst, möge in dieser Stadt oder in dieser Beziehung ein Fundament bekommen.« So etwas setzt Kräfte frei! Es ist vollmächtiges Handeln!

Dem Herrn Jesus ist der Name über alle Namen gegeben worden, und er sagt, wir könnten uns seines Namens bedienen, wann immer wir wollten! Das ist, als benutzten wir eine Kreditkarte, die jemand anders gehört – einem Millionär. Warum benutzen wir sie eigentlich nicht viel öfter? Vielleicht deshalb, weil der Geist zwar willig ist, das Fleisch aber um so schwächer. Und wir neigen ohnehin dazu, dem Fleisch nachzugeben. Es kann aber auch sein, daß uns einfach die Überzeugung fehlt, unser Gebet sei ein Mittel, um Kraft freizusetzen. Wir bedürfen einer Offenbarung von Gott über die Wirksamkeit leidenschaftlicher Fürbitte.

Eine andere Möglichkeit, die »Dynamis« in uns zu gebrauchen, ist der Einsatz der Geistesgaben. Gottes souveränes Handeln und das Eingreifen des Menschen gehen im christlichen Leben oft Hand in Hand. Wo genau der Übergang ist, ist ein Geheimnis. Wir erfahren zwar, daß der Heilige Geist die Gaben innerhalb des Leibes Christi austeilt (1. Kor, 12), doch andererseits wird uns nahegelegt, sie zu ersehnen und uns danach auszustrecken. Es ist, als habe der Heilige Geist ein riesiges Warenlager voll wirksamer Gaben, die allerdings dort gelagert bleiben, schlummernd, bis wir sie abrufen. Wenn wir nicht zugreifen, wird all das Potential vergeudet.

Immer wieder wird jemand dazu bewegt, eine Gabe – beispielsweise die Gabe der Auslegung – zu erstreben und diese dann auch zu praktizieren. Nach einer Weile jedoch reizt das Neue nicht mehr, oder es treten Entmutigung und Trägheit ein, so daß die Gabe längst nicht mehr so häufig eingesetzt wird.

Paulus drängt Timotheus geradezu, nach einer Gabe zu streben. Dessen müssen auch wir uns befleißigen. Achten wir sehr genau darauf, ob wir den Gebrauch unserer Gabe weiterentwickeln oder ob wir sie verkümmern lassen.

Wenn Sie für den Leib Christi ein Segen sein wollen, dann sorgen Sie dafür, daß Sie die Gaben, mit denen Sie schon Erfahrungen gemacht haben, auch gebrauchen, und fangen Sie an, dafür zu beten, daß Gott Ihre Fähigkeiten erweitert. Sie werden wahrscheinlich feststellen, daß Sie sich mit einigen Gaben freier bewegen können als mit anderen, aber grundsätzlich stehen Ihnen alle zur Verfügung.

Nehmen wir ein Beispiel: Die Gabe der Zungenrede setze ich oft und regelmäßig ein. Auch die Prophetie gebrauche ich ziemlich häufig. Aber von Zeit zu Zeit muß ich mich auch dazu aufraffen. Prophetie (wie jede andere Gabe) kommt nicht zu einem passiven Geist! Die Gabe der Geisterunterscheidung hat für mich längst nicht die gleiche Bedeutung. Ich bediene mich ihrer nicht sehr oft, obwohl ich auch schon in bestimmten Situationen darum gebeten habe. Ich habe allerdings Freunde, die damit viel vertrauter zu sein scheinen: Sie scheinen einen Dämon schon zu riechen, wenn er noch meilenweit entfernt ist.

Ich denke, daß ich den Heiligen Geist bitten muß, jeweils immer die Gabe in mir freizusetzen, die in die Situation paßt. Ich habe keine Besitzansprüche zu stellen, aber wenn er eine Gabe schenkt, dann kann ich mit Macht und Autorität handeln – mit seiner Vollmacht. Die Gaben sind für mich nicht zum Spielen da, noch sind sie dazu gedacht, mein Ansehen aufzuwerten. Sie gehören Gott, und er läßt sie mich einsetzen, um damit eine Aufgabe zu erfüllen.

Auch das Wort unseres Gottes ist ein gewaltiges Reservoir der Macht. Es auszusprechen bedeutet, die »Dynamis« freizusetzen. Gottes Wort ist aktiv im Schöpfungsgeschehen, bei Wiederherstellung und Heilung. Es bringt Friede, Freude und Weisung. Wenn wir es proklamieren, setzen wir eine Energie ein, die schon mit Schwert, Hammer oder gleißendem Licht verglichen worden ist.

Wir wollen noch einmal zusammenfassen: Welches »Dynamit« steht mir als christlicher Frau zur Verfügung? Ich habe

116

dasselbe wie ein christlicher Mann – das Auferstehungsleben Jesu, die Kraft des Heiligen Geistes und das Wort Gottes. Diese Dinge sind mir gegeben, damit ich ein Gott wohlgefälliges Leben führen und das Reich Gottes in die Welt hineintragen kann. Dies tue ich mit der Kraft des Evangeliums, durch die Macht des Gebetes und durch die Gaben des Geistes. Jeder dieser drei Faktoren ist ein Behältnis für die unterschiedlichsten Aktivitäten, von denen keine einzige den Frauen verboten ist.

Warum wird aber so oft gefragt, was denn für die Frauen in der Gemeinde zu tun bliebe? Dieser Frage liegt eine bestimmte Einstellung zugrunde: Den Männern stünden nahezu alle Türen offen, und den Frauen so gut wie keine. Ich würde dagegen behaupten, daß es in der Gemeinde für die Frauen so viele Aufgaben gibt, wie Frauen da sind, sie zu tun!

Ich glaube, diese Frage ist nur auf eine Reihe von Mißverständnissen zurückzuführen. Man schafft zwei Klassen von Menschen – die Geistlichen und die Laien. Um ein Amt auszufüllen, müsse man zum Klerus gehören. Das aber ist dem Neuen Testament völlig fremd. Denn hier wird suggeriert, die Dienste des Klerus seien wertvoller als das Engagement der Laien. Es sind dann angeblich bestimmte Handlungen »heiliger« als andere. Aber das ist eben nicht wahr. Jedes Handeln im Gehorsam wird gleichermaßen angenommen, sei es die Autowäsche oder die Predigtvorbereitung. Die Frage ist nur, ob es jeweils das ist, was Gott für den Augenblick erwartet.

Damit kommen wir zu einer Frage, die im Neuen Testament so nicht gestellt wird: »Kann eine Frau ordiniert werden?« Aber diese Frage ist im Grunde belanglos, denn die neutestamentlichen Briefe, die sich auch mit der Gemeindestruktur befassen, lehren, daß alle Gläubigen das gleiche Recht haben, vor Gott zu treten. Jeder Christ ist ein Priester, ob Mann oder Frau. Unsere Priesterschaft wird nicht durch eine besondere Zeremonie mit speziellen Roben verkündet. Wir sind Priester und Priesterinnen durch das Blut Jesu, das uns den Zugang zum Vater eröffnet (Hebr. 9,14; Offb. 1,6).

Es spielt deshalb keine Rolle, wer das Abendmahl austeilt. Wir alle können einander dienen, und in der Gemeinde, zu der ich gehöre, tun wir dies auch. Das Abendmahl war nie als

Selbstzweck gedacht, sondern immer nur als Mittel zum Zweck. Es ist kein mystisches Ritual, das an sich irgend etwas bewirkt. Es ist vielmehr eine Handlung zum Gedächtnis an den Bund zwischen uns und dem Herrn Jesus. Während wir seines Todes gedenken und freudig die Vereinigung mit ihm erwarten, werden wir erquickt und gestärkt, damit wir mit der Arbeit, die er uns aufgetragen hat, fortfahren können.

Des weiteren beruht die Frage nach der Mitwirkung der Frauen auf einem sehr engen Gemeindeverständnis. Da glaubt man doch oft noch, Kirche und Gemeinde vollziehe sich am Sonntag morgen in den Mauern eines Gebäudes. Wenn es tatsächlich schon mit ein paar Liedern und Gebeten, einer Predigt von 15 Minuten und einem Händedruck an der Kirchentür getan ist, dann bleiben nicht viele Entfaltungsmöglichkeiten, weder für Männer noch für Frauen! Die einzigen zu besetzenden »Ämter« sind die des Organisten, des Predigers und des Türstehers, der vorher und nachher für das Auf– und Abschließen sorgt. Glücklicherweise sind sehr viele Gottesdienste und Veranstaltungen weit mehr von Leben erfüllt. Es ist uns immer wieder eine Genugtuung, zu beobachten, wie die Möglichkeiten der Teilnahme für Männer und Frauen stetig zunehmen: Sie können beten, prophetisch reden, etwas vorlesen, Worte der Erkenntnis äußern, prophetische Lieder singen und ein immer größer werdendes Aufgebot von Musikinstrumenten zu Gehör bringen. Sie können sich als Seelsorger, Küster und Lehrer betätigen.

Aber der Sonntagmorgen ist ja nur die Spitze des Eisbergs! Die Gemeinde ist ein lebender, atmender Organismus, der rund um die Uhr im Einsatz ist. Je größer er wird, desto mehr Möglichkeiten gibt es, sich nützlich zu machen. Wir benötigen Techniker, Sekretärinnen, Lehrer, Seelsorger, Mitarbeiter in der Verwaltung, Fahrer und andere Helfer in großer Zahl. Alle diese Aufgaben sind »Dienste«. Indem wir einander dienen, dienen wir dem Herrn.

Wir können uns sehr an dem Wort »Dienst« festhalten. »Was ist mein Dienst, was mein Amt?« fragen sich Frauen beunruhigt. Und dann warten sie darauf, daß ein Kärtchen mit Goldrand und gothischen Lettern vom Himmel herabfällt, um ihnen augenblicklich Identität und Anerkennung zu verleihen. Bei »Dienst«

denkt man immer gleich an alles, was herausragend ist, ans öffentliche Predigen und Heilen. Viele Frauen mit einer dienenden Haltung im Herzen halten ihren Einsatz für so unbedeutend, daß sie meinen, man könne schon nicht mehr von »Dienst« sprechen.

Dienst heißt einfach Pflichterfüllung. Wir alle sind aufgerufen, dem Herrn zu dienen, indem wir einander behilflich sind. Alles, wozu uns der Herr aufruft, bedarf seiner Kraft. Ich brauche sie, um rechtschaffen zu leben, um eine gesicherte Ehe aufzubauen, um Kinder großzuziehen, aber auch um Kranke zu heilen, Dämonen auszutreiben und das Evangelium zu predigen.

Eine Frau, die ich kenne, lernt gerade den Beruf der Kosmetikerin. Sie möchte ihren christlichen (und nichtchristlichen) Freundinnen behilflich sein, indem sie ihnen eine ehrliche und professionelle Dienstleistung anbietet. Ich glaube, daß dies ein wertvoller »Dienst« sein wird, und sie wird sicher die Kraft des Geistes brauchen, wenn sie mit anderen (weit weniger rechtschaffenen) Menschen in ihrem Gewerbe umgeht. Ich kenne noch eine andere Frau, deren Sohn schwer behindert ist. Das Leid und die Probleme, die sie und ihre Familie deshalb erdulden mußten, haben ihr die Augen für die Hilflosigkeit anderer in ähnlicher Situation geöffnet. So konnte sie vielen Zeugnis geben vom Mitleid Jesu, und sie fängt nun an, bei einem Hilfsprogramm für Behinderte mitzuarbeiten. Das ist wahrer Dienst, der genauso wertvoll ist wie der anderer Frauen, die in unseren Heilungsteams mitarbeiten und es gewöhnt sind, für die Kranken zu beten und Befreiung den Gebundenen zu bringen.

Es gibt schließlich noch einen dritten Grund, warum die Frage nach dem Einsatz der Frauen überhaupt aufgeworfen wird. Ich glaube, dem liegt eine falsche Vorstellung vom Begriff »Vollmacht« (›exousía‹) zugrunde. Und genau hier müssen wir wieder zu unserer schon zuvor geäußerten Aussage zurückkommen, Jesus habe zwar Vollmacht gehabt, habe diese aber unter Autorität ausgeübt, und Ester sei ein Beispiel dafür. Denken wir immer daran: Wie sie gehören auch wir zu einem Team. Uns steht es nicht zu, eigenmächtig zu handeln.

Jedes Team braucht einen Leiter. Mannschaften im Sport haben ihren Trainer, Operationsteams ihren Chirurgen, die

Schicht im Betrieb ihren Vorarbeiter, und Büros ihren Leiter. Ist das so, weil wir uns zu gern kleine Diktatoren vor die Nase setzen lassen? Nein, es ist vielmehr eine unbestrittene Tatsache, daß, wenn irgend etwas produziert werden soll, Effizienz und Planung die Voraussetzung sind. Jemand muß die letzte Verantwortung tragen, wenn Entscheidungen getroffen, Politik gemacht und Veränderungen vorgenommen werden sollen. Deshalb ist es auch nicht überraschend, daß Gott sich entschloß, der Gemeinde Organisation und Struktur zu verordnen, nachdem er sie damit beauftragt hatte, seine Erlösung und Herrschaft in die Welt zu tragen.

Deshalb setzte er einige in die Gemeinde als Apostel, einige als Propheten, einige als Evangelisten, einige als Pastoren und Lehrer, und dies alles ausdrücklich zu dem Zweck, die Gläubigen für ihren Dienst auszurüsten und den ganzen Leib zu erbauen und zu stärken. Sie sind da, um zu dienen, indem sie Christen zu Reife und Standfestigkeit führen.

Beachten Sie, daß es heißt: »Er setzte ein . . . « Autorität in der Gemeinde geht nicht an den Meistbietenden, sie wird von Gott gegeben. Selbst Jesus sprach: »Mir ist gegeben alle Gewalt . . . « (Matth. 28,18). Viele Männer wünschen sich nichts sehnlicher, als Propheten, Apostel oder Pastoren zu werden, aber wenn sie nicht eine Gabe Gottes an die Gemeinde sind, so hoffen sie umsonst. Was also die Ämter in der Gemeinde angeht, so steht längst nicht jede Tür für alle Bereitwilligen sperrangelweit offen!

Das läßt natürlich die brennende Frage aufkommen, ob die Türen zur Leiterschaft denn überhaupt für Frauen offenstehen. Hier müssen wir sehr darauf achten, daß wir uns zunächst einmal dem Wort Gottes unterordnen und nicht unserem Verstand, unseren Erfahrungen und Gefühlen. Wir haben festgestellt, daß die Kraft Gottes Frauen verliehen wird, damit sie sie auf vielerlei Weise wirkungsvoll einsetzen. Wir haben aber auch gesehen, daß jedes Glied am Leib in Harmonie mit dem Ganzen zusammenwirken muß. Gott hat uns die Prinzipien gegeben, nach denen seine Kraft am wirkungsvollsten gebraucht werden kann. Wenn wir also Autorität richtig einsetzen wollen, müssen wir uns selbst einer Autorität unterstellen. Über wessen Autorität sprechen wir hier aber?

Zunächst unterstehen wir Gott. Zweitens (und unlösbar vom ersten) stehen wir unter seinem Wort. Drittens unterstehen wir der Autorität, die Jesus der Gemeinde verliehen hat. Viertens müssen wir, wenn wir verheiratet sind, die Autorität unserer Ehemänner anerkennen.

Die meisten von uns haben mit den ersten beiden Autoritäten keine Schwierigkeiten. Mit den anderen beiden tun wir uns allerdings schwer. Aber wenn wir mit offenem Herzen die ersten beiden annehmen, können wir uns dem Rest nicht verweigern, denn Gottes Wort hat diese Prinzipien gegeben.

Sind diese aber imstande, die Entfaltungsmöglichkeiten der Frauen in der Gemeinde einzuschränken? Ganz bestimmt nicht! Auch wenn wir die gleiche »Dynamis« wie die Männer in uns haben, so doch nicht zwangsläufig die gleiche »Exousía«.

Die Schlüsselverse hierzu finden wir in 1. Korinther 11, von denen einige recht schwer verständlich sind. Was aber ganz unzweideutig daraus hervorgeht, ist, daß Frauen und Männer einander brauchen und daß sie gleichwertig sind. Gott möchte allerdings, daß sie einen Grundsatz beachten: So wie das Haupt über dem Mann Christus ist, so ist der Mann das Haupt der Frau. Als Jesus sich dem Vater unterordnete, büßte er nichts von seiner Stellung, von seiner Wertschätzung oder seiner Macht ein. Er tat es, um seine Arbeit zu erledigen, und dabei ist er mein Vorbild.

In den Pastoralbriefen gibt Paulus Timotheus Anweisungen dazu, wie die Ältesten zu ehren seien und wie sie selbst sich zu verhalten hätten. Er erwartet unmißverständlich, daß es Männer seien, und er lehrt, daß Frauen keine Autorität über Männer haben dürfen (1. Tim. 2,12). Diese Gemeindelehre ist doch wohl so zu verstehen, daß Frauen in jeder Beziehung am Gemeindeleben teilnehmen sollen, daß aber die Leitungspositionen von Männern zu besetzen sind. Sie sind es, die die letzte Verantwortung tragen und Gott dafür Rechenschaft schuldig sind, daß sie der Gemeinde und den einzelnen darin Unterweisung angedeihen ließen. Paulus möchte nicht, daß die Frauen auch noch diese Last auf sich nehmen.

Wie ich es sehe, sollten die Frauen also Gott darum bitten, daß sie voll beschäftigt sind, indem sie die »Dynamis« einbringen, die er ihnen geschenkt hat. Sie können fast alles tun, was auch die Männer machen, um die Macht des Himmelreiches jedermann vor Augen zu führen. Sie können die gleichen Erfahrungen machen und ebenso Wissen und Erkenntnis sammeln, während sie in der Jüngerschaft tätig sind und andere lehren. So haben z.B. die Frauen in meiner Gemeinde Seminare über Innere Heilung, über den Umgang mit Kindesmißhandlungen und andere soziale Fragen veranstaltet. Sie leiten die Anbetung, teilen das Abendmahl aus und leiten Jüngerschaftsschulungen speziell für Frauen. Zuweilen nehmen sie sogar am Ältestenrat als Beobachter oder Berater teil. Aber Älteste werden sie nicht. Das würde für sie zwangsläufig eine Position mit Weisungsbefugnis in der Gemeinde bedeuten.

In meiner Gemeinde sind wir in der glücklichen Lage, Älteste zu haben, die, statt uns zurückzuhalten, immer wieder ermutigen, noch mehr zu übernehmen. Wir vertrauen ihnen, daß sie die richtigen Grundsatzentscheidungen treffen, ob es darum geht, wo das neue Kirchengebäude gebaut wird oder ob wir in ein anderes Haus umziehen sollen, ob wir ein Zentrum für AIDS-Opfer einrichten oder wer der nächste vollzeitig angestellte Jugendleiter sein soll (von denen zwei bereits Frauen sind). Sie haben ein offenes Ohr für das, was andere äußern, aber die Verantwortung für die letzte Entscheidung übernehmen sie schließlich selbst.

Wir können wohl davon ausgehen, daß Ester die Königswürde nicht angestrebt hat. Die Tatsache, daß sie nur Gemahlin des Königs blieb, tat ihrer Würde und Autorität keinen Abbruch. Ich bin zwar kein Ältester, aber ich fühle mich trotzdem nicht minder geachtet, geschätzt oder gefordert. Ich vertraue darauf, daß Gottes Prinzipien der sicherste Weg sowohl für den Gemeindebetrieb als auch für mich als einzelne ist.

Wir alle kennen wohl Beispiele für Frauen in bestimmten Gruppierungen, die besonders begabt und als Älteste tätig sind. Stehen sie nicht im Widerspruch zu dieser Lehre? Dazu gibt es im Grunde nur eins zu sagen: Uns gelten nicht die Erfahrungen anderer Leute als Autorität, sondern das Wort Gottes. Wir können uns nicht auf Einzelfälle berufen, um davon eine allgemeine Regel abzuleiten. Glücklicherweise müssen wir immer noch bei einigen Fragen Gott die Entscheidung überlassen. Und wenn es so aussieht, als billige er eine Frau als Älteste in einer anderen Gemeinde, dann ist das sein Vorrecht – Gott segne sie! Wenn wir uns aber unsere Integrität bewahren wollen, können wir uns nur in dem Bereich bewegen, den er uns erleuchtet. Wir können mit unserem Gewissen keine Kompromisse schließen, indem wir uns eine Auffassung zu eigen machen, von der wir im Grunde genommen gar nicht überzeugt sind.

Wenn wir schon über Autorität sprechen, dann sollten wir doch wenigstens auch das Problem mit der Kopfbedeckung ansprechen. »Bedecken oder nicht bedecken?«, das ist hier die Frage. Zumindest ist es das, was viele immer wieder von mir wissen wollen. Ich antworte darauf meistens mit einer Gegenfrage: »Wie hätten es denn deine Ältesten lieber?« Letztlich ist nämlich der Herr viel mehr an unserer Einstellung zur Autorität über uns interessiert als an einem Stückchen Tuch auf unserem Kopf. Manchmal frage ich mich, ob der Herr diese Passage in 1. Korinther 11 mit Absicht so unklar gelassen hat, um feststellen zu können, ob wir sie dazu benutzen, unsere Demut oder eventuell unsere Rebellion zum Ausdruck zu bringen. Die Stelle ist nicht eindeutig. Deshalb werden einige Gemeinden bestimmen, die Kopfbedeckung sei notwendig, während andere dies nicht vertreten. Im Grunde geht es um Autorität und Unterordnung. Ich glaube, was mir mein Gefühl hier sagt, ist richtig. Die Ältesten sind Gott Rechenschaft schuldig. Wenn sie also eine falsche Entscheidung treffen, dann ist es ihr Problem! Es ist jedenfalls keine Frage der Moral, und es geht auch nicht um Tod oder Leben.

Ich bin sehr dankbar, daß unsere Ältesten nicht mehr wie früher von den Frauen erwarten, daß sie Kopfbedeckungen tragen. Doch auch wenn ich keinen Hut oder Schal mehr trage, so empfinde ich trotzdem, daß ich unter ihrer Autorität stehen muß, wenn ich selbst Autorität haben will. Wenn ich ein prophetisches Wort oder eine Auslegung in einem Gottesdienst öffentlich ausspreche, dann bin ich froh, daß sie es bewerten können, und mir wird gedient, wenn sie es billigen. Das heißt aber nicht, daß ich unterdrückt werde. Es dient vielmehr »zur Ausrüstung der Heiligen für das Werk des Dienstes, für die Erbauung des Leibes Christi«.

Ein Wort zum Schluß zur Autorität der Ehemänner: Einige von ihnen müssen es erst noch lernen, wirkliche Autoritäten zu sein und nicht nur Unterordnung zu verlangen! Die Frauen müssen nämlich spüren, daß ihre Männer nicht nur »über« ihnen stehen, sondern ihnen auch Beistand, Ermutigung und Geborgenheit angedeihen lassen. Es fällt einer Frau sicher sehr schwer, die Autorität ihres Mannes anzuerkennen, wenn er sie gar nicht ausübt, wenn er ihr alle Entscheidungen überläßt und ihr nicht liebevoll zu verstehen gibt, daß letztlich er derjenige ist, der alles ausbaden muß.

Ich bin sehr dankbar, daß dies die Art und Weise ist, wie mein Mann mich unterstützt. Ich möchte zum Schluß eine kleine Episode erzählen, die das Gesagte verdeutlicht: Vor nicht allzulanger Zeit wurde Terry eingeladen, auf einer Pastorenkonferenz in Italien zu sprechen; und mich bat man, zu den Ehefrauen zu sprechen. Ich war hin und her gerissen, als ich das Für und Wider abwog. Einige unserer Kinder schienen mich damals gerade sehr zu brauchen, und ich fand, eine ganze Woche sei eine lange Zeit zum Fortbleiben in diesem kritischen Stadium. Andererseits gab mir die Konferenz die großartige Gelegenheit, bei einigen sehr liebenswerten italienischen Frauen zu verweilen, und das wollte ich gar nicht so gern verpassen.

Ich wußte, daß Terry der Meinung war, ich solle mitfahren, aber er wollte auch, daß ich selbst auf Gott hörte. Deshalb bedrängte er mich nicht. Das bedeutete, daß ich mich frei von jedem Druck fühlte, als ich darüber betete. Ich wußte, daß Terry es akzeptieren würde, wenn ich nein sagen würde, denn dann hätte er angenommen, daß ich Gottes Führung genau so verstanden haben mußte. Wenn ich aber ja sagen würde, wäre er davon ausgegangen, daß ich voller Glauben und frei von Schuldgefühlen wegen der Kinder fahren würde. Andererseits hatte ich auch das sichere Gefühl, daß, wenn ich zu keiner klaren Entscheidung kommen konnte, er mir helfen würde, sie zu treffen. Am Ende bin ich dann doch gefahren, und wir beide sind davon überzeugt, daß es des Herrn Führung war.

Bei einer anderen Gelegenheit bemerkte er mein enttäuschtes Gesicht, als er wieder einmal Vorbereitungen für eine Reise traf. An jenem Abend sprachen wir über seine häufige Abwesenheit, die in der letzten Zeit nur noch zugenommen hatte. Er nahm sehr ernst, was ich ihm zu sagen hatte, und er korrigierte seinen Terminkalender entsprechend. Ich muß die Autorität meines Mannes niemals fürchten. Mein Wohlergehen liegt ihm am Herzen, und das macht es mir leicht, mich ihm unterzuordnen und ihm den nötigen Spielraum für seine Leitungsfunktion zu lassen. Wir sind ein Team, das zusammenarbeitet. Einer ist zwar der Chef, aber beide behalten wir unsere Würde, und wir fühlen uns erfüllt dabei.

Statt immer nur wegen des einen Bereichs, auf den wir Frauen keinen Anspruch erheben können, zu lamentieren, wollen wir lieber den Raum ausfüllen, der uns zugänglich ist. Uns stehen alle erdenklichen Mittel in Christus zur Verfügung, um die Frohe Botschaft in aller Welt bekannt zu machen. Laßt uns füreinander beten, laßt uns Zeugnis geben, laßt uns die Kranken heilen und die Dämonen austreiben! Laßt uns Liebe und Mitgefühl gebrochenen Menschen bringen; und laßt uns einander dienen mit dankbarem Herzen, indem wir Hand in Hand für die gemeinsame Sache einstehen.

Ich glaube nicht, daß uns eines Tages die Aufgaben fehlen werden, weil sie erledigt sind, noch wird uns die Kraft dazu ausgehen!

11

Freiheit und der Wille Gottes

UNTERORDNUNG ALS LEBENSSTIL

Das gleißende Licht erlosch, als der Engel die Stätte verließ. Maria saß da in der fortschreitenden Dämmerung, regungslos, wie betäubt, und war alleingelassen mit der Unfaßlichkeit eines Wissens, das fortan ihr Besitz sein sollte. Als die Dunkelheit vollständig hereingebrochen war, hatte sich ihr Herzschlag wieder halbwegs beruhigt, und ihr Atem ging wieder sacht und leise. Aber sie verharrte noch immer dort, wo sie gesessen hatte, bemüht, ihre Benommenheit abzuschütteln, um sich noch einmal jede Einzelheit jenes Besuches von eben zu vergegenwärtigen.

Noch eine Stunde zuvor war sie eine ganz normale, frohgestimmte junge Frau gewesen, die fleißig ihre Hochzeitsvorbereitungen traf. Sie und ihre Mutter hatten einen vergnüglichen Nachmittag damit verbracht, ihre Aussteuer durchzusehen und dabei zu schwatzen und sich auszutauschen. Sie glätteten noch einmal alle Laken und Tücher und hielten hier und da inne, um die Qualität des Stoffes oder die feinen Einfassungen zu bewundern. Doch schließlich hatte ihre Mutter das letzte Stück zusammengefaltet und fein säuberlich oben auf einen Stapel gelegt und dabei zufrieden geseufzt. »Leg' alles in die Truhe, Liebes«, hatte sie gesagt. »Ich muß hinübergehen zu Josephs Mutter.« Mit diesen Worten war sie gegangen und hatte ihre Tochter zurückgelassen, die in aller Ruhe ihre Aussteuer verstaute.

Die Strahlen der späten Nachmittagssonne kamen schon zur Tür herein und tauchten alles in ihr warmes Licht. Als Maria sich aber über die Truhe beugte, war ihr plötzlich, als stehe jemand hinter ihr in der Tür. Im selben Augenblick drang ein unbekanntes, intensiv weißes Licht in den Raum. Von Furcht ergriffen, drehte sich Maria um und mußte sich sogleich die Augen schützen. Starr vor Schreck, sah sie, wie der Fremde hereintrat. »Sei gegrüßt, Begnadete! Der Herr ist mit dir!« sagte er.

Maria, verwirrt und am ganzen Leib zitternd, sank nieder auf die Truhe und fragte sich verblüfft, was dieser Gruß zu bedeuten hätte. Noch einmal sprach der Besucher, und seine Stimme klang tief und freundlich: »Fürchte dich nicht, Maria. Ich bin gekommen, um dir zu sagen, daß es Gottes Wille ist, dich über alle Maßen zu segnen.« Ein wenig beruhigt, hörte Maria aufmerksam zu, als der Besucher seine Botschaft vorbrachte:

»Sehr bald wirst du feststellen, daß du ein Baby erwartest. Es wird ein Junge sein, und du sollst ihn ›Jesus‹ nennen.« Innere Erregung war dem Boten abzuspüren, als er anfing, diesen Jesus zu beschreiben: »Dieser wird groß sein und Sohn des Höchsten genannt werden; und der Herr, Gott, wird ihm den Thron seines Vaters David geben. Er wird über das Haus Jakob herrschen in Ewigkeit, und seines Königtums wird kein Ende sein.«

Zunächst konnte Maria das alles gar nicht fassen, denn ein einziger Gedanke ging ihr dabei im Kopf herum, und zaghaft stellte sie die entscheidende Frage: »Wie soll das geschehen, da ich doch noch Jungfrau bin?«

Der Bote erklärte: »Der Heilige Geist wird über dich kommen, und die Kraft des Höchsten wird dich überschatten, darum wird auch das Heilige, was geboren wird, Sohn Gottes genannt werden.«

Der Helligkeit wegen konnte Maria zwar sein Gesicht nicht sehen, aber es gab keinen Zweifel, daß dieses Wesen von Gott kam. *Es muß ein Engel sein*, dachte sie. Er war von einer Aura umgeben, die so fremdartig wirkte und doch soviel Reinheit ausstrahlte. Da war nichts, was sie zurückschrecken ließ oder ihr angst machte. Doch ihr eigenes Menschsein wurde ihr umso bewußter. Als wolle er sie beruhigen und ihr Mut machen, fing der Engel an, über Elisabeth, ihre Verwandte, zu reden, die noch im hohen Alter bereits im sechsten Monat schwanger war. »Bei Gott ist kein Ding unmöglich«, sagte er.

Diese Aussage ließ etwas anklingen im Herzen Marias. Sie kannte die Schrift. Deshalb wußte sie, daß dies genau jene Worte waren, die Gott zur unfruchtbaren Sara, der Frau Abrahams, gesagt hatte. Im hohen Alter war sie mit Isaak schwanger gewesen, und auf wunderbare Weise geschah das gleiche nun mit Elisabeth. Gottes Wort war also immer noch machtvoll und wahr. Und eben dieses Wort war nun ausgerechnet an sie ergangen! Aber war sie denn eine unfruchtbare Frau, die schon lange verheiratet und verzweifelt wegen ihrer Kinderlosigkeit gewesen wäre? Sie war doch noch eine junge, unberührte Frau, die sich anschickte zu heiraten und die das Leben noch vor sich hatte.

Sie schloß die Augen und dachte nach. Ein paar Gedanken wollten ihr nicht aus dem Kopf gehen: *Wird Joseph mich immer noch heiraten wollen? Was mache ich mit meinen Eltern? Wie soll ich ihnen erklären, daß ich schwanger bin? Was in aller Welt soll ich ihnen sagen? Wie werden sie damit fertig werden, wenn Freunde und Nachbarn die Stirn runzeln, ihnen verstohlen nachschauen und hinter vorgehaltener Hand tuscheln, vielleicht sogar ihre Entrüstung offen aussprechen? Vor allem: Wie werde ich mit der Demütigung und der beschämenden Situation fertig werden?*

Der Engel wartete. Er hatte seine Botschaft überbracht. Nun mußt er nur noch auf die Antwort warten. Wie würde sie ausfallen?

Hatte Maria denn eine Wahl? Ich bin sicher, sie hatte. Obwohl Gott seine Pläne schon im voraus entwirft, so möchte er doch, daß wir nicht mürrisch und unwillig, sondern freiwillig mit ihm zusammenarbeiten. Deshalb überläßt er uns die Entscheidung. Wissen Sie noch, wie es bei Ester war? Durch Mordechai erfuhr sie, daß sie in der Lage war, Gottes Volk zu retten. Das war Gottes Plan für sie. Aber wenn sie sich darauf nicht eingelassen hätte, so hätte sich Gott einen anderen gesucht.

Im ersten Augenblick mag der Wille Gottes nicht immer eitel Freude auslösen. Wir mögen sogar große Mühe damit haben, weil er unserer persönlichen Entscheidung zuwiderläuft. Vielleicht möchten wir eine bestimmte Arbeitsstelle haben und sind dann sehr enttäuscht, wenn jemand anders sie bekommt. Vielleicht wollen wir unbedingt jemand bestimmtes heiraten und sind zutiefst betrübt, wenn derjenige sich einem anderen Mädchen an den Hals wirft. Oft haben wir ganz konkrete Vorstellungen von dem, was vor uns liegt, doch gerade das christliche Leben folgt selten dem von uns entworfenen Weg.

Vielen Menschen in der Bibel war der Wille Gottes eine kaum zu ertragende Größe. Für Abraham bedeutete er scheinbar, seinen Sohn töten zu müssen, und für Joseph, wegen einer nicht begangenen Tat ins Gefängnis geworfen zu werden. Hiob brachte der Wille Gottes die Leiden einer Familientragödie, aber auch Krankheit und Einsamkeit. Und Rut sollte ihrem Heimatland den Rücken kehren und ihrer verbitterten Schwiegermutter die Treue halten.

Das herausragendste Beispiel für die Hingabe an den Willen Gottes finden wir allerdings bei Jesus, der sagte: »Nicht mein Wille, sondern dein Wille geschehe«, auch wenn das bedeutete, daß er durch die Todesqualen am Kreuz hindurchgehen mußte. Jesus macht uns vor, wie man sich dem Willen Gottes unterstellt.

»Meine Speise ist, daß ich den Willen dessen tue, der mich gesandt hat, und seine Werke vollbringe« (Joh. 4,34). Der Wille des Vaters gab Jesus alles, was er brauchte: innere Befriedigung, Freude, Kraft und Sinn im Leben. Sein ganzer Lebensinhalt war, den Willen Gottes zu tun, und er lebte nur auf den Augenblick hin, da er ihm sagen konnte: »Ich habe erfüllt, was du mir zu tun aufgabst.«

Ein Geheimnis umgibt diesen Bereich, wo sich Gottes vorausschauender Wille und unsere Entscheidungsfreiheit treffen. Ich denke, daß der Engel in diesem Augenblick ganz gespannt auf Marias Antwort wartete. Gott hatte auserwählt – er kannte die weitere Entwicklung, aber er erwartete doch auch eine Einstellung ohne Passivität, Fatalismus und Schicksalsergebenheit. Er sehnte sich nach einer Antwort des Herzens, voller Freude, Friede und Glaube, nach einem Herzen, das freudig einwilligte, sich auf seinen Willen einzulassen.

Wir wissen nicht, wie lange der Engel warten mußte. Vielleicht waren es nur ein paar Augenblicke, vielleicht dauerte es aber auch viel länger. Was wir allerdings wissen, ist, daß die junge Frau schließlich eine klare und überlegte Antwort gab:

»Siehe, ich bin die Magd des Herrn; es geschehe mir nach deinem Wort« (Lk. 1,38).

Das war kein resigniertes Seufzen, kein blinder Gehorsam nach dem Motto: »Na gut, du bist der Chef. Ich richte mich wohl besser nach dir, da es ja sowieso nicht nach mir geht.« In der Antwort, die Maria dann tatsächlich gab, klang Jesaja an, der ausgestreckt vor der Erscheinung von Gottes heiliger Macht gelegen hatte und mit ganzem Herzen auf Gottes Frage nach einem Boten geantwortet hatte: »Hier bin ich, sende mich!«

Unterordnung unter den Willen Gottes ist nicht bloß duldsames Hinnehmen: »Komm und mach mit mir, was du willst.« Sie ist vielmehr ein positives und aktives Ausfindigmachen der Absichten Gottes. Paulus schreibt in aller Nachdrücklichkeit an die Christen aus Kolossa: »Deshalb hören wir auch nicht auf . . . für euch zu beten und zu bitten, daß ihr mit der Erkenntnis seines Willens erfüllt werdet« (1,9).

Warum spielte der Wille Gottes für Paulus eine so wichtige Rolle? Warum wollte er vor allem anderen ihn sich zu eigen machen? Warum setzte Ester ihr Leben aufs Spiel, nur um den Willen Gottes zu tun? Warum rief Jesus im Garten Gethsemane aus: »Dein Wille, nicht meiner!« Warum lieferte sich Maria voller Zuversicht dem Willen Gottes aus, indem sie sprach: »Ich bin die Magd des Herrn; es geschehe mir nach deinem Wort«?

Sie alle konnten dies tun, weil sie ein Gespür für ihre schicksalshafte Bindung an Gott hatten, weil sie erkannten, daß es auf sie ankam, und weil sie, über die unmittelbar bevorstehende Demütigung hinausschauend, begriffen, daß Gott seine Absichten am Ende durchsetzen wird.

Aus diesem Grund bedeutet Unterordnung unter den Willen Gottes auch immer ein Privileg, denn mit Recht kann man dann von sich behaupten: »Gott hat mich erwählt, ein Teil seiner Pläne zu sein. Ich bin gefragt! Ich kann etwas beitragen. Mein weiterer Lebensweg hat einen Sinn bekommen!« Wenn ich mich entschließe, dem Willen Gottes gehorsam zu sein, dann heißt dies, ich bin zu folgender Erkenntnis gekommen: »Was sind meine jämmerlichen Pläne im Vergleich zu Gottes ewigen Absichten? Frohen Herzens lege ich sie beiseite für das Vorrecht, gerade zur rechten Zeit die Frau zu sein, die er braucht.«

Wenn wir uns Gott und seinen Prinzipien unterordnen, scheint Kraft freigesetzt zu werden, damit sein Wille auch in Erfüllung geht. Auch wenn er bereits einen Plan ersonnen hat, so wird er ihn doch nicht mit aller Gewalt durchsetzen. Deshalb will er uns auch als Mitarbeiter gewinnen und uns an der Freude und am Lohn beteiligen. So wartet er darauf, daß wir unsere eigenen Ambitionen und Vorstellungen hintanstellen, um uns von seinen mitreißen zu lassen. Nur dann kann er alles an Energie einbringen, um Dinge in Gang zu setzen.

Wen wundert es da noch, daß der Feind solche Unterordnung haßt! Er hat den Begriff mit Erfolg solange gedreht und gewendet, daß er fast schon ein Schimpfwort geworden ist. Man denkt dabei nur noch an Unterdrückung. Zu oft schon haben wir überzeichnet dargestellt, was wir für Unterordnung halten, und dann rebellieren wir gegen das von uns selbst geschaffene Zerrbild, das wir hassen und ablehnen.

Wir haben das großartige Lebensprinzip der Christen auf einen einzigen Satz reduzierte: »Von christlichen Frauen wird erwartet, daß sie sich unterordnen.« Nach alter Gewohnheit hat der Feind wieder einmal die Wahrheit verdreht, indem er eine Handvoll Lügen daruntergestreut hat. Er stiftet Verwirrung, indem er klammheimlich die Schwerpunkte verschiebt. Plötzlich geht es nicht mehr zuerst darum, wie wir zum Wort Gottes stehen. Dafür verwickelt er uns in Streitereien darüber, wie wir Menschen zueinander stehen. Unterordnung umfaßt aber viel mehr als das.

Unterordnung ist der Kern des Evangeliums und Jesus unser Vorbild. Er ordnete sich dem Willen Gottes vollkommen unter, was für ihn innerlich Sicherheit und Frieden bedeutete. Er beanspruchte die Rechte und Privilegien seiner Königswürde nicht und ließ sich auf einen ihm fremden Lebensstil ein, der Leid und Tod mit sich brachte. Ob er ab und zu gefürchtet hat, das Ganze könnte am Ende doch nicht gut ausgehen, daß man ihn allein lassen würde und daß, wenn es zur Krise käme, er am Ende doch sterben und nicht auferstehen würde? Hat er zuweilen befürchtet, er könnte ganz umsonst all das Leid auf sich nehmen?

Niemals! Wir wissen, daß Jesus dem Wort des Vaters vollkommen vertraute. Dies geht ganz deutlich aus der Predigt des

Petrus am Pfingsttag hervor, als er Worte aus den Psalmen auf Jesus anwendete. »Meine Seele wirst du dem Scheol nicht lassen, wirst nicht zugeben, daß dein Frommer die Grube sehe. Du wirst mir kundtun den Weg des Lebens. Fülle von Freuden ist vor deinem Angesicht.«

Jesus wußte, daß seine Unterordnung nicht unrechtmäßig ausgenutzt wurde. Der Autor des Hebräerbriefes berichtet uns von Jesus, daß er »... um der vor ihm liegenden Freude willen die Schande nicht achtete und das Kreuz erduldete« (12,2). Er hatte keine Angst, etwas zu verpassen, sondern war sich der Erfüllung in der Ewigkeit sicher.

Persönliche Hingabe an den Willen Gottes muß durch Glauben geschehen. Wir müssen darauf vertrauen, daß Gott uns nicht im Stich lassen wird, wenn wir tun, was er sagt. In Erwartung kommenden Segens müssen wir gehorchen, wissend, daß Gott zu seinem Wort steht. Unterordnung bei Gott ist kein Risiko. Wir haben nichts zu verlieren, aber alles zu gewinnen.

Wenn Gott also sagt: »Gib, und es wird dir gegeben werden«, dann brauchen wir keine Angst zu haben, daß wir ohne einen Pfennig in der Tasche dastehen werden. Und wenn er sagt: »Berauscht euch nicht mit Wein, sondern werdet voll Geistes«, dann schließen wir daraus nicht vorschnell, wir würden nun überhaupt keinen Spaß mehr haben. Wenn er uns gebietet, keinen außerehelichen Geschlechtsverkehr zu haben, werden wir nicht auf die abwegige Idee verfallen, wir würden nun niemals mehr sexuell befriedigt sein. Schickt er uns in ein fremdes Land um des Evangeliums willen, dann erwarten wir keineswegs ein beklagenswertes Leben. Und wenn er sagt: »Frauen, seid untertan euren Männern wie dem Herrn«, dann rechnen wir nicht damit, mit Füßen getreten zu werden und Würde und Identität zu verlieren. Habe ich recht?

Unterordnung unter den Willen Gottes bedeutet, sich seinem Wort zu unterstellen. Wir können das eine nicht tun, ohne das andere zu lassen, denn gerade in Gottes Wort ist ja sein Wille offenbart. Die Bibel gibt uns Prinzipien für das christliche Leben zu Haus und in der Gemeinde an die Hand. Und nur solange wir uns an diese Prinzipien halten, werden wir einen soliden Rahmen für unser Leben spannen. Deshalb müssen wir sicherstellen, daß wir uns erst dem offenbarten Willen Gottes in der Schrift untergeordnet haben, bevor wir von ihm durch Ereignisse, Weissagungen, Gebet und göttlichen Rat die mehr persönlichen und speziellen Details seines Willens für unser Leben wissen wollen.

Statt zu versuchen, die Bibel zu manipulieren, damit sie mehr unserem Denkschema entspricht, müssen wir unsere Sinne für biblisches Denken schärfen. Es dürfen uns nicht unsere eigenen Vorstellungen, humanistische Philosophien, der Zeitgeist oder kulturell vorgegebene Denkmuster beherrschen, noch dürfen wir uns irgendeine Ideologie aussuchen, die uns spontan anspricht, um dann zu versuchen, die Schrift mit ihr in Einklang zu bringen.

Bevor wir überhaupt Christen werden konnten, mußten wir unser Denken an Vorstellungen gewöhnen, die für die heutige Gesellschaft geradezu anstößig und inakzeptabel sind. Zunächst einmal mußten wir eingestehen, Gott nötig zu haben – geradezu eine Beleidigung für moderne, unabhängige Menschen! Dann mußten wir begreifen lernen, warum wir Gott brauchen – weil wir Sünder sind. Noch so eine Beleidigung! Danach erkannten wir, daß wir nicht imstande waren, uns selbst zu erlösen, und daß die einzige Antwort auf unser Erlösungsproblem ein unansehnliches, ja provozierendes Ding war – das Kreuz.

Um Christen zu werden, mußten wir also ganz unpopuläre Wahrheiten annehmen, Konzepte, die wir normalerweise nicht mögen. Doch als wir uns demütigten und eingestanden, daß das Evangelium die Wahrheit ist, erlebten wir, was Freiheit bedeutet. Ist es da nicht vernünftig, wenn wir uns auch weiterhin, wie damals um der Erlösung willen, dem Wort Gottes unterordnen, nun aber auch alle Aspekte unseres christlichen Lebenswandels mit einbeziehen? Unterordnung unter das Wort Gottes bedeutet nicht, sich einfach jeglicher Verantwortung zu entledigen und plötzlich ohne Rückgrat dazustehen. Wir müssen das Wort als die eine Autorität in unserem Leben begreifen, denn es ist der einzige Weg in die Freiheit.

Jesus spricht: »Der Himmel und die Erde werden vergehen, meine Worte aber sollen nicht vergehen . . . Das Wort des Herrn aber besteht ewig.« Gottes Wesen findet nicht nur seinen Niederschlag im Wort, er ist das »Wort« selbst, weswegen es auch nicht möglich ist, Jesus von Gott zu trennen.

Gott kann sich nicht loslösen von dem, was er spricht. Wenn wir also Dingen in der Schrift begegnen, die wir nicht mögen, so können wir sie nicht einfach nach Belieben zurechtrücken, damit sie in unser so beschränktes Gottesbild passen. Vielmehr müssen wir unser Denken mit dem Wort in Einklang bringen. Wenn wir etwas lesen, bei dem sich alles in uns sträubt, sollten wir uns keineswegs vorschnell entrüsten und einwenden: »Dieser Abschnitt paßt mir aber gar nicht. Da stimmt etwas nicht.« Vergegenwärtigen wir uns lieber noch einmal Gottes Charakter. Will er uns denn tatsächlich niederhalten? Ist er etwa engstirnig und kleinlich? Hat er die Zeichen der Zeit nicht begriffen und ist unfähig, noch wahrzunehmen, was sich im 20. Jahrhundert ereignet? Ist er vielleicht frauenfeindlich?

Kann er das überhaupt sein? Die Frage ist nämlich nicht, ob Paulus und Petrus frauenfeindlich waren. Wenn wir ohne Abstriche davon ausgehen, daß die Bibel Gottes offenbartes Wort ist, dann dürfen wir höchstens fragen, ob Gott am Ende frauenfeindlich gesinnt ist. Will Gott vielleicht doch, daß wir unterdrückt, unerfüllt und frustriert sind? Sind wir die ewig Benachteiligten in seinen Augen?

Bleiben Sie ganz gelassen! Prüfen Sie doch einmal, ob die restliche Schrift solche Zweifel überhaupt stützt. Der Tenor ist überwältigend eindeutig: Gott ist für mich! Er ist gekommen, um mir Leben im Überfluß zu schenken. Er möchte, daß ich »unaussprechliche und verherrlichte Freude« erlebe. Er hat mich fähig gemacht zum Anteil am Erbe der Heiligen. Er hat mich zu seiner Rechten in die Himmelswelt gesetzt, und ich soll im Leben herrschen. Er möchte, daß ich seine Kraft erfahre, seinen Namen gebrauche und imstande bin, völlig zu erfassen, was die Breite und Länge und Höhe und Tiefe seiner Liebe ist.

Woher stammt also die Vorstellung, die Bibel sei frauenfeindlich und Gott wolle uns niederhalten? »Der Dieb kommt nur, um zu stehlen und zu schlachten und zu verderben.« Das Ganze ist also nichts anderes als eine Lüge des Feindes.

Wie sollten sich also Frauen zu Passagen stellen wie 1. Petrus 3, wo die Ehemänner ermahnt werden: »Wohnt bei ihnen mit

Einsicht als bei einem schwächeren Gefäß«? Viele Frauen sind ziemlich irritiert, wenn sie als »schwächeres Gefäß« bezeichnet werden, und sie haben das Gefühl, Petrus sei spießig und behandle die Frauen allzu herablassend. Auch ich kann wirklich nicht sagen, daß ich gern ein »schwächeres Gefäß« genannt werden möchte! Wieso eigentlich nicht? Ich habe mir diese Frage immer wieder gestellt. Dabei mußte ich feststellen, daß meine Vorstellung von einem »schwächeren Gefäß« allzu voreingenommen ist und daß ich sie deshalb nicht mag.

Aber »schwächer« muß ja gar nicht unbedingt im Sinne von »fehlerhaft« oder »minderwertig« gebraucht werden. Es kann durchaus die Beschaffenheit meinen, so wie man von schwachem und starkem Kaffee spricht und von einem kräftigen oder schwachen Farbton. Ich habe schon interessante Gespräche mit Männern und Frauen über die Bedeutung diese Textes geführt. Was wollte der Apostel tatsächlich damit zum Ausdruck bringen? Bezog er sich wirklich nur auf die Körperkraft? Da ließe sich einiges gegen sagen, wenn man nur bedenkt, wieviel widerstandsfähiger im allgemeinen Frauen gegen Krankheiten sind und daß sie große Schmerzen viel eher ertragen wie z.B. bei der Geburt. Vielleicht meinte er aber auch eine Schwäche im emotionalen Bereich durch die hormonalen Veränderungen im Körper der Frau, die Spannungen und einen unberechenbaren Stimmungswechsel herbeiführen können.

Die Versuchung ist groß, sich hier unnötig aufzuregen. Doch bevor wir das tun, wollen wir uns lieber dem Wort Gottes unterordnen. Petrus hat es schließlich nicht selbst verfaßt. Was aber hat Gott damit bezweckt? Wollte er den Männern eine Handhabe dafür geben, auf uns mit Verachtung herabzusehen und uns ein Gefühl der Minderwertigkeit zu vermitteln? Nein! Das ist nicht unser Gott!

Wenn wir uns diesen Vers im Zusammenhang anschauen, dann stellen wir fest, daß Petrus hier die Ehemänner anspricht und ihnen nahelegt, sich einmal darüber klarzuwerden, welche Einstellung sie ihren Frauen gegenüber einnehmen. Er ermahnt die Männer, ihre Ehepartner zu ehren, und erinnert sie daran, daß sie Miterben der Gnade Gottes sind. Deshalb meine ich, daß die Betonung gar nicht so sehr auf der Schwäche als vielmehr auf den Stärken liegt, die die Frauen in Christus haben! In der Sprache von heute hieße das vielleicht so: »Liebe Leute, vergeßt nicht: Eure Frauen sind genauso Erben Christi wie ihr. Sie stehen in derselben Gnade wie ihr. Aber ihr wißt ja, daß sie dazu neigen, sich kleiner zu machen, als sie sind, und daß sie sehr empfänglich für Minderwertigkeitsgefühle sind. Baut sie deshalb auf, indem ihr sie daran erinnert, daß ihr Erbe in Christus dasselbe ist wie eures. Ach, und dann noch etwas: Wenn ihr meint, eurer Frau diese Ehre nicht geben zu müssen, dann werden eben eure Gebete nicht erhört.«

Die Ehemänner müssen also begreifen lernen, daß ihre Frauen zwar hier und da verletzbar sind, daß sie das aber nicht ausnutzen dürfen. Statt dessen sollen sie ihnen Mut machen und ihnen beistehen. Damit kann ich persönlich gut leben! Ich denke, ich habe das Quäntchen Demut, um zugeben zu können, dort ein paar (nicht viele!) Schwächen zu haben, wo Terry seine Stärken hat, weil wir nun einmal Mann und Frau sind. Ist es nicht auch mein Vorteil, wenn ich mich gegen das Wort nicht auflehne? Schließlich möchte ja auch ich, daß Terrys Gebete erhört werden!

Gott macht nur auf Dinge aufmerksam, die uns segnen statt zu hindern. Er muß es wohl besser wissen, schließlich ist er es, der uns geschaffen hat. Statt also vorschnell und wutentbrannt irgendwelche Schlüsse zu ziehen, ist es viel klüger zu sagen: »Gut, Herr, zeige mir, wo ich schwächer bin und mein Mann stärker ist, und ich werde dort eng mit dir zusammenwirken, wo ich am meisten deine Hilfe brauche.«

Es ist aber wahrscheinlich der erste Teil von 1. Petrus 3, der den meisten Frauen Probleme macht: »Ebenso ihr Frauen, ordnet euch den eigenen Männern unter« (Vers 1). Im weiteren Verlauf werden wir ermahnt, mehr dem inneren Wesen die Aufmerksamkeit zu widmen, statt dem äußeren Erscheinungsbild. Zu pflegen sei »der verborgene Mensch des Herzens im unvergänglichen Schmuck des sanften und stillen Geistes« (Vers 4). Besonders irritierend ist aber wohl Vers 6: »Wie Sara dem Abraham gehorchte und ihn Herr nannte . . . « Vielleicht muß ich zunächst sogar nur lachen bei dem Gedanken, meinen Mann »Herr« zu nennen, aber insgeheim bin ich doch eher entrüstet:

»Ich denke nicht im Traum daran, so vor meinem Mann zu kriechen.«

Einen Augenblick! Wir müssen doch erst noch weiterlesen: » . . . deren (Saras) Kinder ihr geworden seid.« Tun Kinder von Abraham und Sara unbedachte Dinge? Nein, sie wandeln im Glauben (Röm. 4,16). Unterordnung ist ein Werk des Glaubens. Sie schmeichelt deshalb nicht dem Ehemann und bedeutet nicht, daß die Frau auf Knien rutscht. Der Schlüsselvers steht gleich zu Anfang: »Ebenso ihr Frauen, ordnet euch den eigenen Männern unter.« Worauf bezieht sich »ebenso«? Wie sollen wir uns unterordnen?

Dieser Vers schließt nämlich an das vorige Kapitel an, wo uns noch einmal das Vorbild Jesu vor Augen gehalten wird. Indem er litt, übergab er sich dem, »der gerecht richtet« (1. Petr. 2,23). So sollen wir uns auch unseren Männern unterordnen, indem wir uns Gott übergeben (anvertrauen), der gerecht richtet. Und wir tun es wohlüberlegt und im Glauben.

Es gibt immer noch Frauen, die fürchten die Folgen der Unterordnung: »Er wird mich ausnutzen. Ich werde nur die Ausgebeutete sein und meine Identität verlieren.« So protestieren sie. Aber Vers 6 ist direkt ein Wort an sie, denn darin heißt es, sie könnten wie Sara sein und »ohne Furcht« handeln. Das Wort gibt uns Prinzipien an die Hand, die wir im Glauben ausleben müssen, nicht den Menschen zum Gefallen, sondern Gott.

Der Beitrag des Mannes besteht darin, seine Frau nicht auszunutzen, sondern ihre Gleichwertigkeit bei der Erlösung anzuerkennen, sie zu ermutigen, sie aufzuerbauen und ihr Ehrerbietung, Beachtung und Anerkennung angedeihen zu lassen. Der Beitrag der Frauen ist es, den Mann als Führungspersönlichkeit anzuerkennen und ihn in dieser Aufgabe zu unterstützen und zu ermutigen. Gemeinsam und unter Berücksichtigung seines Wortes können sie dann ausprobieren, wie sie am effektivsten für Gott Frucht bringen können.

Aber nicht nur den christlichen Frauen ist geboten, sich den Männern unterzuordnen. Alle Christen müssen es lernen, sich einander unterzuordnen. Unterordnung ist eine innere Einstellung, die überall in der Gemeinde zu finden sein sollte. Zuallererst müssen wir uns alle Jesus unterstellen, seinem Willen und seinem Wort. Diese Haltung sollte dann aber auch auf unsere weiteren Beziehungen übergehen, unabhängig von Geschlecht, Klasse oder sozialem Status. Paulus ermahnt die römischen Christen, es möge doch »in Ehrerbietung einer dem anderen vorangehen« (Röm. 12,10). Den Philippern schreibt er: »... daß in Demut einer den anderen höher achtet als sich selbst« (Phil. 2,3) und den Ephesern: »Ordnet euch einander unter in der Furcht Christi« (Eph. 5,21).

Die Gemeinde sollte soviel Geborgenheit vermitteln, daß wir uns in Ruhe gegenseitig anhören können und es den Menschen gestattet ist, ihren Gefühlen Ausdruck zu verleihen. So werden wir uns auch mit unseren Gaben gegenseitig von Nutzen sein. Das bedeutet allerdings nicht, daß die Gemeinde eine Demokratie sein sollte. Es muß eine von allen anerkannte Leiterschaft geben. Allerdings sollte innerhalb und unter dieser Leiterschaft ein Geist der Zuvorkommenheit herrschen, der jedem Glied die gleiche Würde beimißt und uns daran erinnert, daß Gott jeder menschlichen Seele dasselbe hohe Gut zukommen läßt – das Blut Christi. Gegenseitige Unterordnung hat nichts mit Gedankenakrobatik zu tun. Es geht nicht darum, damit zu kokettieren, man sei minderwertig, wenn man genau weiß, das Gegenteil ist der Fall. Unterordnung darf sich nicht auf Geringschätzung der eigenen Person stützen, sondern auf eine entsprechend hohe Würdigung anderer Menschen.

Petrus gibt gerade den Leitern ein paar entscheidende Dinge mit auf den Weg. Sie sollen nämlich die Herde nicht einfach nur herumkommandieren, sondern sollen bereit sein, denen zu dienen, für die sie Verantwortung tragen. Indem sie die Herde geistlich nähren und für sie sorgen, dienen sie Gott als seine Sachwalter. Die Schafe, die ihrer Fürsorge anvertraut sind, gehören zum kostbaren Besitz des Hirten über alle Hirten. Wenn also die unterstellten Hirten sie lehren sollen, ein demütiges und dienendes Herz zu haben, müssen sie es doch wohl selbst schon besitzen.

Damit kommen wir zu einem anderen Bereich der Unterordnung. Es geht darum, die Autoritäten, die Gott in der Gemeinde eingesetzt hat, zu ehren. Jesus ist das Haupt der Gemeinde. Wenn wir uns also an sein Vorbild halten, werden wir nichts falsch machen. In seiner Weisheit hat sich Jesus entschlossen, für den Zusammenhalt der Gemeinde Autorität zu delegieren. Diese Männer – Apostel, Propheten, Evangelisten, Pastoren und Lehrer – sind sein Geschenk an uns (Eph. 4). Deshalb sollten wir ihnen auch nicht mit Mißtrauen und Furcht begegnen. Sie sind speziell da zur »Ausrüstung der Heiligen für das Werk des Dienstes (und) für die Erbauung des Leibes Christi« (Vers 13). Eines Tages werden wir sie in dieser Funktion nicht mehr brauchen, dann nämlich, wenn wir »zum Vollmaß des Wuchses der Fülle Christi« gekommen sein werden.

In der Zwischenzeit sind Männer und Frauen aufgerufen, die Leiter zu ehren, »die unter euch arbeiten und euch vorstehen im Herrn und euch zurechtweisen, und daß ihr sie ganz besonders in Liebe achtet um ihres Werkes willen« (1. Thess. 5,12-13). Wenn diese Männer wissen, daß sie in der Verantwortung vor Gott stehen und deshalb in Demut vor ihm und anderen wandeln, und wenn sie sich mit Eifer und Mitgefühl für uns einsetzen, dann haben wir auch nichts von ihnen zu befürchten. Ein guter Hirte ist dazu da, uns Geborgenheit zu vermitteln und uns zur Reife zu geleiten. Er beschützt und fördert, er setzt Grenzen und öffnet Türen, er verordnet uns Ruhe, aber ermuntert uns auch, weiterzumachen. Mit andern Worten: Er schafft ein geschütztes Lebensumfeld, in dem wir gut gedeihen und die Gaben, die Gott uns geschenkt hat, weiterentwickeln können.

Ich bin so dankbar, daß ich den liebevollen Schutz meiner Ältesten in Anspruch nehmen kann. Erst vor kurzem habe ich denn auch darum gebeten, diesen Schutz noch zu erweitern! Mehrere Jahre lang habe ich Veranstaltungen für die Frauen von geistlichen Leitern und für andere Frauen in Ämtern mit hoher Verantwortung organisiert. Solche Tage dienten in erster Linie dazu, den Frauen Hilfe, Unterweisung und Gemeinschaft anzubieten.

Doch schon vor ein paar Jahren fing ich an, mich unwohl und angreifbar zu fühlen. Ich hatte so viel Entscheidungsfreiheit, wie ich brauchte. Ich konnte den Tagesablauf bestimmen, die Werbung verschicken, zu den Frauen sprechen, und niemand beaufsichtigte mich. Auch wenn ich wußte, daß immer Frauen da waren, die nicht gezögert hätten, mich nötigenfalls zurechtzuweisen, so fühlte ich mich doch immer noch nicht wirklich sicher. Ich spürte, daß ich die Billigung und Rückendeckung der Ältestenschaft brauchte.

So kam es zu folgender Absprache: Wenn ich für eine wichtige Veranstaltung arbeitete, so würde ich zuvor mit meinen Ältesten die Sache durchsprechen. Inzwischen tauschen wir unsere Gedanken über das Thema jeder Veranstaltung aus. Wenn nötig, können sie Verbesserungsvorschläge anbringen, und ich fühle mich durch ihre Zustimmung zu dem, was ich sagen will, bestätigt. Im Ergebnis kann ich nun sogar mit sehr viel mehr Selbstvertrauen und Klarheit sprechen. Ich möchte sinnvoll dazu beitragen, daß eine durch und durch gesunde Gemeinde aufgebaut wird, und ich glaube, daß meine Unterordnung unter Gottes delegierte Autorität ein Mittel zu diesem Zweck ist.

Gelegentlich sind die reinsten Horrorgeschichten über den Mißbrauch von Autorität im Umlauf. Leider sind es diese eher seltenen Vorkommnisse, die an die Öffentlichkeit gelangen und damit die Menschen dazu bringen, Unterordnung unter eine Führerschaft zu fürchten, weil sie verletzt werden könnten.

Wo es Probleme mit der Ältestenschaft gibt, da stehen auch klare Anweisungen für den Umgang damit zur Verfügung. So warnt uns Paulus: »Gegen einen Ältesten nimm keine Klage an, außer bei zwei oder drei Zeugen. Die da sündigen, weise vor allen zurecht, damit auch die übrigen Furcht haben« (1. Tim. 5,19-20).

Wir dürfen nicht vorschnell einen Ältesten verurteilen, aber wenn es mehrere Zeugen für seine Sünde gibt, dann müssen seine Führungsqualitäten durchaus in Frage gestellt werden. Fährt er mit seiner Sünde fort, muß er öffentlich zurechtgewiesen werden. Aber die Furcht Gottes muß in solch einer Situation die Oberhand behalten. Ältestenschaft ist eine große Verantwortung, und genau deswegen warnt Paulus Timotheus, nicht in allzu großer Eile Älteste ins Amt zu rufen. Die Antwort auf Mißbrauch ist keineswegs die völlige Abschaffung von Autorität, sondern die gerechte Autorität.

Schließlich und endlich gibt es noch eine Weisung an die Gemeinde: Jeder soll sich den staatlichen Autoritäten unterordnen. »Es ist keine staatliche Macht außer von Gott« (Röm.13,1). Das wirft eine Reihe ethischer Fragen auf: Wie sieht das bei gottlosen Regimen aus? Wie verhalten wir uns bei atheistischen Regierungen? Paulus, der unter dem römischen Kaiser lebte, wußte, wovon er sprach. Aber sowohl er als auch Petrus waren in dieser Frage einer Meinung. Wir dürfen uns mit unserem Glauben auf keine Kompromisse einlassen, und wenn es an einem Punkt zum Konflikt kommt, so haben wir zuallererst unserem König Jesus die Treue zu halten. Trotzdem heißt es auch bei Paulus: »Wenn möglich, so viel an euch ist, lebt mit allen Menschen in Frieden.«

Das Wort Gottes gebietet uns, so gesinnt zu sein, daß wir uns ganz bewußt den Gesetzen und Ordnungen unseres Landes unterordnen. Solange es nicht etwas gibt, was uns unser christliches Gewissen zu tun verbietet, sollten wir alle Anstrengungen unternehmen, um diese Gesetze zu halten. So wollen wir tun, was Paulus uns gebietet – die Regierenden respektieren und für sie beten.

Wir halten unsere Unabhängigkeit und unseren Individualismus für etwas so Kostbares, daß wir Angst haben, Unterordnung könnte uns zu stupiden Zeitgenossen ohne Verantwortungsbewußtsein machen. Wir wollen unsere Rechte behaupten, wollen unseren Kopf durchsetzen und für alles die Verantwortung übernehmen. Aber das ist die allzu menschliche Art zu denken, bei der Gott gar nicht mehr vorkommt.

Wir dürfen es nicht zulassen, daß wir uns dieser Welt anpassen, vielmehr ist ein Sinneswandel unsererseits nötig. Gott kann nichts mit uns voranbringen, wenn wir halsstarrig und stolz sind. »Gott widersteht den Hochmütigen, den Demütigen aber gibt er Gnade« (Jak. 4,6). Haben auch Sie Angst vor dem Katzbuckel-Syndrom? Was wird mit Ihnen denn geschehen, wenn Sie sich der Schrift, dem Willen Gottes, Ihren Mitchristen, Ihren Ältesten und Ihrem Ehemann beugen? Fürchten Sie, man könnte Sie überfahren und zu einem engstirnigen und hausbackenen Roboter umfunktionieren, dem die eigene Denkfähigkeit abhanden gekommen ist?

Maria mußte sich mit einem Plan auseinandersetzen, der ihren ganzen weiteren Lebensweg verändern würde, der ihr

Schmerz, Unannehmlichkeiten und die Peinlichkeit vor den Nachbarn einbringen würde. Ob sie ihre Antwort bedauert hat, mit der sie sich aus tiefster Überzeugung untergeordnet hat? »Siehe, ich bin die Magd des Herrn; es geschehe mir nach deinem Wort« (Lk. 1,38).

Mit dem so großartigen Anbetungsgesang, dessen Worte uns als das »Magnifikat« überliefert sind, bekommen wir eine Ahnung, welcher Geist sich dahinter verbirgt, nämlich einer, der befreit ist vom Rettungsanker des Egoismus, der sich jauchzend erhebt, weil er sich des großen Vorrechts bewußt wird, in die gewaltigen Pläne Gottes mit einbezogen zu sein. Dies ist nicht die Stimme eines duldsamen Kleingeistes, der in einen Gehorsam voller Ängstlichkeiten getrieben wurde.

Die Auswirkungen dieser Hingabe Marias haben sich von Generation zu Generation bemerkbar gemacht und werden, so erstaunlich es klingen mag, selbst noch unser Schicksal in der Ewigkeit bestimmen. Niemals wieder wird irgend jemand gebeten werden, zu tun, was sie schließlich getan hat. Doch auch wir sind aufgefordert, unseren eigenen Willen zugunsten der Planungen Gottes hintanzustellen. Jesus lehrte uns, täglich zu beten: »Geschehe, Wille Gottes!«

Die Entscheidung, sich dem Willen Gottes unterzuordnen, mag uns so manches Mal hart ankommen und uns verunsichern. Wie Maria fragen wir spontan: »Wie soll das zugehen?« Die Antwort wird aber immer dieselbe sein: »Der Heilige Geist wird über dich kommen.« Und das Heilige, das da in uns im Entstehen ist, ist der Wille Gottes.

Viele Jahre später, als ihr Sohn schon erwachsen war und seinen Dienst begann, kamen einige Männer mit einem Problem zu Maria. Ihr Rat lautete so: »Was er euch sagt, das tut.«

12

Die Wahrheit im Kampf um die Freiheit

Wir trotteten den schmalen Pfad vom Strand hinauf, ein kleines Häuflein müder Leute, die sich auf das Abendessen freuten. An einem warmen, sonnigen Tag wäre der Strand der ideale Aufenthaltsort gewesen, aber wenn alles grau in grau und regnerisch ist und eine frische Brise vom Atlantik her weht, dann ist ein Strand an der bretonischen Küste zu ungemütlich, als daß man sich dort wohlfühlen könnte.

Vielleicht verdarb mir ja das Wetter die Stimmung, oder es war die Erkenntnis, daß uns kein gemütliches Zuhause, sondern ein im Wind flatterndes Zelt erwartete. Es stand kein warmes Abendessen auf dem Tisch, und wir hatten nur Aussicht auf ein spartanisches Mahl aus der Büchse, das wir auf einem Campingkocher heißmachen mußten. Auf jeden Fall war ich in keiner fröhlichen Stimmung. Als wir dann endlich das Zelt erreichten und wir auch noch feststellen mußten, daß Simon, unser Vierjähriger, einen Schuh verloren hatte, platzte mir der Kragen. Er hatte nur ein einziges Paar dabei, und wir konnten kaum von ihm erwarten, den Rest unseres Urlaubs in Frankreich nur mit einem Schuh zu verbringen!

»Wir müssen ihn am Strand verloren haben«, sagte Terry. Ich seufzte: »Es sieht wohl so aus, aber wir müssen ihn wohl oder übel suchen gehen. So ein Mist!« Wir schauten uns um, ob wir ihn nicht doch noch finden würden, während sich meine Stimmung immer noch mehr verschlechterte. Schließlich schnauzte ich: »Also, einer von uns muß runtergehen zum Strand und ihn suchen. Das bleibt natürlich wieder an mir hängen!« So zog ich los und verfolgte unsere Fußspuren zurück über den steinigen Pfad, und über mir schwebte eine düstere Wolke von Selbstmitleid, Verärgerung und Märtyrertum.

Zunächst konnte ich keinen klaren Gedanken fassen. Während ich dahintrabte, ging mir alles mögliche durch den Kopf: *So ein Ärger! Wo ich doch eigentlich das Abendbrot machen sollte! Ich war natürlich wieder diejenige, die sich zu solch einem Akt der Selbstlosigkeit hatte breitschlagen lassen. Ich bin die einzige, die immer hilfsbereit ist, die immer die Meile mehr geht, die still leidet und an sich selbst als letzte denkt! Das ist so richtig typisch für mich, daß ich sofort freiwillig den ganzen Weg alleine laufe. Warum hat sich Terry nicht bereit gefunden? Er hätte doch sofort anbieten können zu gehen. Warum überläßt er mir immer die Dreckarbeit?*

So ging es fort mit meinem unersprießlichen Monolog. Und ich, blind und uneinsichtig in meinem Stolz, bemerkte gar nicht, daß da ein unsichtbares Wesen neben mir rannte, das all diesen abstoßenden Unrat produzierte, für den ich solch ein offenes Ohr hatte. Jeden Gedanken, den dieses Wesen mir entgegenschleuderte, nahm ich begierig an, bis ich alles glaubte und verinnerlichte und mir Tränen des Selbstmitleids kamen. Doch so nannte ich es natürlich nicht. Hätte man mich darauf angesprochen, ich hätte es »gerechtfertigte Entrüstung« oder »gerechten Zorn« genannt. Wie wir es doch lieben, unserem kleinlichen und aufbrausenden Gehabe mit langen Wörtern einen ansehnlicheren Anstrich zu geben!

Als ich endlich den Strand erreichte, war ich völlig erschöpft. Und ganz plötzlich begann ich zu ahnen, wie es wirklich um mich stand. Ich konnte nicht mehr an mich halten und fing an zu weinen. Dann schoß mir die Frage durch den Kopf: *Warum weine ich eigentlich?*

Ich hielt inne. Ja, warum weinte ich eigentlich? Ich wußte es nicht! Ganz verwirrt stand ich da und fragte mich: *Warum verhalte ich mich nur so, als wäre ich das Opfer, das Unrecht erlitten hat? Warum bin ich so verärgert, eingeschnappt und verletzt? Es hat mich doch niemand dazu gezwungen. Es war meine Idee und meine Entscheidung, zum Strand zu gehen.*

Plötzlich fiel es mir wie Schuppen von den Augen: Meine Gefühlswelt war von außen angegriffen worden. Als ich den Pfad über die Klippen hinuntergelaufen war, hatte mich der Feind oder einer seiner Spießgesellen begleitet und eifrig feurige Pfeile in mein so empfängliches Seelenleben geschleudert. Er war ohne Vorwarnung dagewesen. Ich hatte ihn nicht erkannt, hatte seine Lügen über Terry und mich einfach entgegengenommen und sie ganz geschluckt. Und das Ende vom Lied war, daß ich mich nun hier unten am Strand befand und nur noch ein Häuflein Elend war.

Während ich so dastand auf einem Felsen am Strand der Bretagne, begriff ich, worum es ging. Ich hatte die Freiheit, eine Entscheidung zu treffen. Ich konnte mich entschließen, auch weiterhin in meinem Selbstmitleid zu schwelgen. Ich konnte nach dem Schuh suchen und dabei meine Selbstgerechtigkeit noch nähren. Dann würde ich mit Leidensmiene zu unserem Zeltplatz zurückkehren, würde alle wissen lassen, daß ich »verletzt« sei, und mich kühl und abweisend geben. Ich brauchte also gar nichts weiter zu tun, als die Sünde über mich herrschen zu lassen. Ich hatte die Wahl. Genausogut konnte ich mich aber auch an Ort und Stelle zusammenreißen und dem Feind die Stirn bieten. Dazu hatte ich das Recht und die Vollmacht.

Da stand ich nun auf meinem Felsen und stellte mich dem, der mich so verspottet hatte, entgegen: »Ich widerstehe dir, Satan!« rief ich. »Ich stehe in der Gnade Gottes! Ihm unterwerfe ich mich, nicht dir! Wie kannst du es wagen, mit deinen schmutzigen Lügen zu mir zu kommen! Ich sage dir eins: Ich bin nicht mehr gewillt, mich dem Selbstmitleid hinzugeben. Ich werde es nicht mehr dulden. Geh mir aus den Augen! Verschwinde!«

Der Wind trug meine Worte fort, und sie verloren sich im Rauschen der Wellen und im Geschrei der Möwen. Und doch wußte ich, daß sie gehört worden waren. »Widersteht dem Teufel, und er wird von euch fliehen« (Jak. 4,7). Doch das war noch nicht alles, was getan werden mußte. Das Schwert des Geistes hatte zwar den Angriff des Feindes zurückgeschlagen, und ich brauchte mich für den Augenblick nicht weiter um ihn zu kümmern, aber ich mußte mich gegen seine spätere Rückkehr

wappnen. »Dem widersteht standhaft durch den Glauben«
(1. Petr. 5,9).

Wie fangen wir das aber an? Dazu müssen wir wissen, wer
wir sind und auf welchem Grund wir stehen. Wir gürten uns dazu
mit der Wahrheit und schützen unser Sinnen und Trachten mit
dem Helm des Heils. Wir ergreifen den Schild der Gerechtigkeit,
der unser Herz vor Satans anklagenden Schlägen beschützt. Das
hätte ich alles längst vorher tun sollen, aber es war ja noch nicht
zu spät.

Noch immer auf diesem Felsen stehend (ich war nur froh,
daß der Strand menschenleer war), proklamierte ich: »Ich bin
ein Kind des lebendigen Gottes. Ich bin erlöst, und mir ist
vergeben. Ich bin wiedergeboren. Satan, zu kannst keinen Zentimeter Boden zurückgewinnen. Ich stehe auf dem, was Jesus
vollbracht hat. Ich widerstehe dir nicht aus eigener Kraft – ich
bin in Christus!«

Wieder froh geworden und mit neuem Mut fing ich an, von
Fels zu Fels zu springen, und dabei sang ich und lobte laut den
Herrn. Hier und da mischten sich in mein Englisch auch wieder
die Laute neuer Sprachen. Freude keimte in mir auf. Ich war
befreit!

Den Schuh habe ich nicht gefunden. Wir entdeckten ihn am
nächsten Morgen unter einem Busch in der Nähe unseres Zeltes.
Aber mein Erlebnis dort unten am Strand hat mich etwas gelehrt,
was ich niemals vergessen werde. Es war nur ein kurzes Scharmützel, das kaum ein paar Minuten gedauert hat, aber mir ist
damals ein Prinzip klargeworden, nach dem man sich immer
dann richten kann, wenn der Feind angreift. Schon oft habe ich
es inzwischen gebrauchen können – in meiner Küche, im Auto
und auf Veranstaltungen. Und es wirkt immer. Manchmal dauert
der Kampf zwar viel länger, aber ich vertraue dann auf die
Autorität des Gotteswortes, und ich weiß, daß ich letztlich
immer Sieger bleiben werde.

In diesem Wort von Gott ist wirklich alles enthalten, was man
braucht: »Unterwerft euch nun Gott!« heißt es da zunächst. Und
das bedeutet ganz einfach: »Laß Gottes Licht auf dich scheinen,
so daß deine Schwächen offengelegt werden. Steig herab von

deinem hohen Roß. Demütige dich. Woran du festhältst, ist Sünde. Nenne die Dinge beim Namen.«

Wenn Sie das erst einmal erkannt haben, dann können Sie sich entscheiden, entweder mit der Sünde fortzufahren oder dem Feind zu widerstehen. »Widersteht dem Teufel, und er wird von euch fliehen.« Er muß eine höhere Autorität anerkennen.

Wie widerstehen Sie? »Fest im Glauben.« Sie müssen nur wissen, wer Sie sind und auf welchem Grund Sie stehen. Dann brauchen Sie sich nur noch mit der Wahrheit zu rüsten und den Kampf fortzuführen.

Sodann gilt nur noch eins: »Naht euch Gott, und er wird sich euch nahen« (Jak. 4,8). Er sucht die Nähe, um zu ermutigen und durchzutragen. Es ist ihm die größte Freude, daß sein Sieg auch Sie zum Sieger macht.

Das Problem ist, daß wir so gedankenlos dahinleben, ohne recht zu begreifen, was hinter den Kulissen gespielt wird. Die Bibel rät uns: »Seid nüchtern, wacht! Euer Widersacher, der Teufel, geht umher wie ein brüllender Löwe und sucht, wen er verschlingen könne« (Jak. 5,8). Wir schlendern fröhlich durchs Leben und vernachlässigen unsere Wachsamkeit. Plötzlich aber wirft der Feind uns eine Bananenschale vor die Füße, und wir werden von Eifersucht, Begierden und Zorn übermannt. Wir rutschen hilflos aus und fallen hin. Und dann sitzen wir da, geben Freunden, den Umständen oder sogar Gott die Schuld für das, was uns da widerfahren ist. Wir fühlen uns schließlich aber doch schuldig, verurteilt, als Versager, und es bedarf schon einer größeren Rettungsaktion, um uns wieder auf die Füße zu bekommen.

Seien Sie also auf der Hut! Und wenn tatsächlich ein feuriger Pfeil auf Sie zugeschossen kommt, dann bleiben Sie nicht stehen und warten, bis er trifft! Reißen Sie den Schild hoch und ziehen Sie das Schwert. Die Wahrheit wird Sie frei machen.

13

Freiheit – Vision und Wirklichkeit

Als ich das Schild »Fußweg« am Straßenrand sah, lenkte ich mein Auto an die Seite und stellte es dort ab. Ich betrat einen Weg, der ein Feld säumte. Das Gras war lang und kräftig. In der Ferne erstreckten sich die Downs, das Hügelland der englischen Ostküste, das in der Nachmittagssonne schimmerte. Die Baumgruppen an den sonst kahlen Hängen sahen aus wie kleine wollige Büschel. Über den Himmel darüber zogen sich hohe Wolken in weißen Streifen, während der Wind dafür sorgte, daß das lange Gras um mich herum wie ein grünes Meer wogte und rauschte.

Noch nie hatte ich diese Landschaft von Sussex so lieblich erlebt. Ich hatte meine wahre Freude daran, wie alles grünte und sproß, die Brombeeren mit ihren langen Trieben und der Wiesenkerbel. Ich genoß den Duft, die Geräusche und die Farben des Hochsommers. Gibt es ein schöneres Plätzchen auf Erden als diese typisch englische, von Hecken durchzogene Landschaft am Rande der Downs an einem heißen Sommernachmittag Ende Juli? Warum fühlte ich mich aber trotzdem so niedergeschlagen und lustlos? Schon eine Reihe von Tagen hatte ich damit zu tun gehabt. Inwischen war mir aber klargeworden, daß ich damit nicht länger herumlaufen konnte, sondern es dem gnädigen Blick unseres Herrn aussetzen mußte.

Dort, wo das Feld zu Ende war, kam ich an ein kleines Gatter, das offensichtlich wenig benutzt wurde, und ich befreite es von den daran entlangkletternden Brombeerranken. Auf der anderen Seite erstreckte sich zu meiner Rechten ein weiteres Feld, auf dem golden das Getreide wuchs. Aber irgendwie wurde ich von einem schmalen Pfad angezogen, der weiter geradeaus verlief, und so machte ich mich auf den Weg mitten durch Gestrüpp und Unterholz. Der Verlauf des Weges war kaum zu erkennen, weil Menschen ihn wohl selten benutzten. Statt dessen gab es Anzeichen dafür, daß Kühe erst kürzlich hier gewesen sein mußten.

Als ich schließlich zu beiden Seiten von Bäumen umgeben war, die mir das Sonnenlicht und die Sicht auf die Ebene nahmen, machte sich Enttäuschung breit, denn dort draußen wollte ich eigentlich sein, im Sonnenlicht, wo ich laufen und den Wind spüren konnte, ohne überall von Brennesseln und Buschwerk behindert zu sein. Und doch hatte ich den Eindruck, gerade diesen Weg gehen zu müssen.

Ein Weg war ja vorhanden. Aber er war schmal, gewunden und wenig einladend. Ich konnte nicht sehen, wohin er mich führte. *Macht nichts,* dachte ich. *Es kann ja eigentlich nur besser werden. Er muß bald wieder ins Freie führen.* An einer Stelle scheuchte ich einen Vogel direkt vor meinen Füßen auf, der verschreckt von meinem unerwarteten Eindringen davonschwirrte und auf einer Brombeerranke landete, auf der er sich gerade so halten konnte. Es war eine sehr junge Drossel, deren Schwanzfedern noch nicht vollständig ausgewachsen waren. Starr vor Schreck wartete sie auf dem Zweiglein, während ich ihr meine Hand entgegenstreckte. Fast hätte ich sie greifen können, als sie wieder zu sich kam und mit lautem Geschrei davonflog, wobei ihr Flügel meine Hand streifte.

Wie ein dunkler Tunnel wölbten sich vor mir die Bäume über dem Weg, während der von Hufen zerfurchte Boden morastig war. Hier und da gab es größere Pfützen, und es war dumpf und schwül hier drinnen. Ich schaute den Weg entlang und schrak zurück. Ich überlegte hin und her, ob ich umkehren oder weitergehen sollte. Schließlich machte ich ja nur einen Spaziergang. Niemand zwang mich, gerade diesen Weg zu gehen. Und außerdem würden meine neuen roten Sportschuhe noch schmutzig werden. Trotzdem trieb mich etwas an, weiterzugehen.

Es sah zunächst gar nicht gut aus, aber dann fand ich doch einzelne Inseln trockenen Grundes, die mich trugen, und so schlug ich mich durch. Schließlich hatte ich dieses unerfreuliche Sumpfgebiet überwunden und erreichte wieder relativ trockenen

Boden. Die Bäume wichen zurück, und der Pfad wand sich durch dichtes Gestrüpp. Bald hatte ich ein weiteres Gatter erreicht, wo ich erst einmal verschnaufte.

Jenseits erstreckte sich eine stille Wiese, die mit Klee üppig bewachsen war. Mein Blick fiel auf ein Haus, das ganz idyllisch am anderen Ende der Wiese lag. Es war ein Bild des Friedens. Ich stand nur da, schaute und dachte über so vieles nach. Dann sagte ich zum Herrn, wie ich es schon einige Male auf diesem Spaziergang getan hatte: »Herr, was willst du mir sagen?«

Ich spürte seine Gegenwart. Psalm 23 kam mir in den Sinn. Und als ich mich auf den Rückweg machte – wieder durch das überwucherte Stück, durch den finsteren, morastigen Teil, dort vorbei, wo sich die Wege gabelten –, da mußte ich diese Verse immer und immer wieder aufsagen. »Der Herr ist mein Hirte.« Er hat verheißen, mich zu leiten und zu führen. Die Wegstrecke wird nicht immer erfreulich sein, aber sein Schutz, seine Weisung, seine Versorgung und seine Gegenwart sind mir versprochen. Ich dachte daran, wie ich ihn um Führung für die Seminare gebeten hatte, die ich während der Downs-Bibelwoche halten sollte, und dann den Fingerzeig bekommen hatte, das Thema »Freiheit« zu untersuchen. Ich hatte mich vorbereitet und in der Erkenntnis gesprochen, daß Gott dieses Thema den Frauen zu Gehör bringen wollte, weil offensichtlich viele von ihnen in vielen Bereichen ihres Lebens keine Freiheit erfuhren und erlebten. Und es stellte sich dann heraus, daß es genau so war. Viele Bereiche, wo es noch Bindungen gab, kamen ans Tageslicht, und meine Helfer und ich beteten mit vielen zur Befreiung. Und doch war die Erkenntnis entmutigend, daß wir nur die Spitze des Eisbergs aufgedeckt hatte. Viele von denen, die Befreiung suchten, brauchten längerfristige Hilfe, sie mußten umsorgt und gehegt werden. Wir rieten, daß so viele wie möglich heim zu ihren Ältesten und Leitern gehen und in ihrer Heimatgemeinde diese Dinge durcharbeiten sollten.

Leider kamen einige aus Gemeinden, in denen es an kompetenten Seelsorgern oder an der notwendigen Fürsorgeorganisation mangelte; und viele waren einfach so gekommen, ohne Verbindung zu einer Gemeinde. Wieder andere waren in einer so heiklen Situation, daß sie es nicht schafften, ihre Nöte vor

Menschen auszubreiten, die sie gut kannten. Ich war damals nicht vorbereitet auf die innere Not, die in mir aufkeimte, als ich eine traurige Geschichte nach der anderen mit anhören mußte über Mißhandlung, Vernachlässigung, Ablehnung, Versagen und Verzagtheit. Ich fing an, mich zu fragen, ob ich mich überhaupt auf das Ganze hätte einlassen sollen. Ich war eigentlich nicht der Meinung, daß meine Hauptaufgabe im Leben die innere Heilung war. Ich mochte das alles nicht. Ich fühlte mich unwissend, inkompetent und fürchtete, die Menschen nur noch mehr zu verwirren.

Doch an jenem Nachmittag zeigte mir der Herr noch einmal, daß es zur Predigt des Evangeliums und zur Lehre des Wortes einfach dazugehört, sich auch den Auswirkungen zu stellen. Es könne sein, daß dies nicht meine Hauptaufgabe im Leben ist, aber er wolle mich doch von Zeit zu Zeit diesen Nebenweg führen, der mitten durch das Leben von Menschen verläuft, wo es Verwirrungen der Gefühle gibt und das Ersticken an Verzweiflung und Sorgen. Vielleicht würde es sogar durchs Schattental gehen, wo die Dämonen lauern, doch das alles nur mit der Aussicht, die Verletzten ans warme Sonnenlicht der Liebe und Gegenwart Gottes zu bringen, wo sie Sicherheit, Wärme und Geborgenheit erfahren.

Auf meinem Rückweg trat ich dann auch wieder hinaus ins Freie und kam zu der Weggabelung. Dort hatte es mir das Getreidefeld angetan. Ich lehnte mich über das Gatter und war entzückt von dem Anblick, der sich mir bot. Es war ein weites Feld, und das golden leuchtende Korn stand hoch in seiner Reife. Der Anblick dieser Üppigkeit raubte mir den Atem.

Ich ließ das Gatter hinter mir und setzte mich nieder. Die Sonne stand noch hoch am Himmel und schien heiß auf mich herab. Ich schloß meine Augen, und so war das einzige, was ich noch wahrnahm, das Rascheln des Windes über dem goldenen Meer des reifen Getreides. »Das Feld ist die Welt.« Ich weinte. »O Gott! Was willst du sagen?« Und dann war mir, als spräche er: »Es ist Erntezeit, und die Ernte wird gewaltig sein.«

Der Gedanke an die Millionen, die noch nach Freiheit hungern, mag niederschmetternd sein. Aber das Bild von der goldenen Ernte vor uns kann uns dazu inspirieren und motivieren, die

Freiheit, die wir selbst schon erfahren haben, anderen zu verkünden. Wir können dazu beitragen, daß die Ernte eingebracht wird, und können seine Mitarbeiter sein, wenn er darangeht, die Gefangenen zu befreien.